纵横精华第二辑·历史的侧影

主编：刘未鸣

爱情老底片

中国文史出版社

《纵横精华》编辑委员会

主　编：刘未鸣

执行主编：金　硕

编　委：全秋生　孙　裕
　　　　李军政　胡福星

目 录

孙中山的原配夫人卢慕贞

———

唐仕进

　　孙中山先生的夫人宋庆龄，是中华民族的一位伟大女性，是孙中山最亲密的战友和革命伴侣。在孙中山 50 岁以前，与他结发共同生活了 30 年的卢慕贞女士（1867—1952），同样具备了中国妇女正直、善良、慈爱和深明大义的优良美德。在孙中山从事推翻清王朝的革命年代里，卢慕贞呕心沥血、历尽艰辛，照顾着孙中山的父母，抚养着孙中山的儿女，堪称贤妻良母。在孙中山担任中华民国临时大总统后，卢慕贞自忖自己的才识不能襄助孙中山主理国家大事，主动提出与孙中山分离，极力促成宋庆龄与孙中山结合，与宋庆龄以姐妹相称。她始终支持孙中山的事业，热爱祖国、热爱家乡，受到家乡人民的爱戴和尊敬。

父母作合

　　卢慕贞原籍广东省香山县上恭都外莹乡（今属珠海市金鼎镇外沙村），生于清同治六年农历六月二十九日（1867 年 7 月 30 日），父亲卢耀昂，壮业儒，后赴檀香山谋生，与孙中山的大哥孙眉同为檀岛侨商，卢慕贞为其长女。卢慕贞家乡与孙中山家乡翠亨村仅有几里之隔。早年孙中山在檀香山求学，多有叛逆封建礼教之行为，孙眉将孙中山遣送回国。孙回国后同乡人好友陆皓东捣毁乡间庙宇神像，孙父达成送中山赴香港皇仁学校读书，以避乡议。孙中山赴港后便加入了基督教。孙眉知道后，认为弟弟已年长，性格难羁，意欲为孙中山择妇，多次函请父母为孙中山寻媒作伐。孙中山的母亲杨氏，有一姐妹嫁与外茔乡，认为孙、卢两家门当户对，便立意撮合其事。卢、孙两家父母均同意，孙眉也赞成，遂从檀香山寄回巨款，敦促其弟早日成婚。孙中山拗不过父母和兄长之命，遂于1885年夏从香港返乡成亲，其时孙中山19岁，卢慕贞18岁。

孙中山对卢慕贞这位过门后才认识的媳妇，初时并没有多大的情意，婚后即返香港读书，偶尔才返乡一行。过了一段时间，孙中山为卢慕贞勤劳、贤淑的行为所感动。孙中山每次回家，卢慕贞总为他制作一套新衣服和鞋袜，母亲身上的穿戴也多出于卢慕贞之手。有一次孙中山返乡，基督教一位牧师到翠亨村传教，孙中山把他接到家中居住。孙中山的父母是不赞成儿子对基督教如此亲热的，故有微词。卢慕贞对基督教并没有特别的兴趣，但看到牧师是丈夫请来的客人，百般劝慰双亲，对客人热情招待。牧师住了几天才去，临行前对卢慕贞赞不绝口。最为孙中山感动的是，1886年父亲孙达成病重至逝世，其间孙中山常返乡探望，每次都看到卢慕贞在父亲病榻前寸步不离，亲奉汤药。经过长时间的互相了解，夫妻感情与日俱增，日见和睦。其后，孙中山在香港学医毕业，悬壶于香港、广州、澳门、香洲、唐家间，常返家小住，儿子孙科和长女孙娫，均在家乡出世。

为夫分忧

1894 年，孙中山在檀香山创建兴中会，树起了反清斗争的旗帜，走上了职业革命家的道路。他长年累月在海内外奔走革命，已难于顾及家计，卢慕贞对此从担忧到理解，默默地承受着生活的压力。孙中山兄弟二人，哥哥孙眉离乡背井，远在檀香山，他本人长期不在家，姐姐也都出嫁，年迈的母亲杨氏身边只有儿媳谭氏和卢慕贞为伴。卢慕贞除了照顾婆母外，还悉心照料着幼小的儿子和女儿。每当孙中山向来自国内的仁人志士打听家况时，他们无不称赞卢慕贞的美德。这使得孙中山无有后顾之忧，更加安心革命。在乡间，卢慕贞对兴办学校、救济穷亲等福利事业，无不乐意参与，乡人誉其"孝敬贤淑、闻于乡党"。

1895 年，孙中山以行医为掩护，在广州发动了第一次反清武装起义。因准备不周起义失败，陆皓东牺牲，孙中山连夜逃到唐家，来不及返家向妻子告别即逃亡海外，清政府出资 1000 元大洋通缉，并株连卢慕贞一家。卢慕贞带着四岁的孙科、一岁的孙娫、婆母杨氏和嫂子谭氏，由陆皓东的侄儿陆文灿护送，取道香港，投奔檀香山孙眉处。其时孙中山正在檀岛，夫妻见面，好不悲伤。相聚了一段时间后，孙中山为革命工作不宜久留檀岛，随即奔赴英国。卢慕贞于第二年生下二女孙婉，留在檀岛住了十年，因孙眉倾力支持其弟革命而破产，举家迁回香港，只孙科留在檀岛读书。卢慕贞强忍母子分离的情感，携两女返港。不久，杨氏在香港逝世，孙中山无法回港奔丧，由孙眉、卢慕贞全力操持丧事。

1910 年，孙中山为组织新的反清起义，来到新加坡从事筹款活动。卢慕贞闻讯，携两女奔赴新加坡与孙中山团聚。三个月后，南洋殖民当局配合清廷对孙中山通缉，以"妨碍地方治安"为由将孙中山驱逐出境，孙中山不得已再赴欧美。卢慕贞母女生活没有着落，由当地华侨集资供给每月生活费用100元，卢慕贞母女在贫困的生活环境中，颠沛流离过了两年。

1911年底，辛亥革命成功后，孙中山回国，于1912年元旦任中华民国临时大总统。新加坡华侨将此消息告诉了卢慕贞。卢慕贞感到又惊又喜，随即携两女动身返国，华侨邓泽如把卢慕贞母女送回上海，受到上海都督陈其美以及从美国归来的卢慕贞长子孙科的迎接。孙科护送母亲赴南京与父亲孙中山相会。在南京的日子里，卢慕贞主要帮助料理孙中山的生活。孙中山的主要助手黄兴，其夫人徐宗汉也是香山县同乡，卢慕贞与徐宗汉结下姐妹之情。卢慕贞在南京住了20多天，后因政局变化，孙中山让位袁世凯，准备离宁，卢慕贞把子女留在孙中山身边，提前回到家乡。不久，袁世凯委派孙中山为全国铁路督办，孙中山为考察全国路政和实业，于1912年5月回到阔别17年的故乡翠亨村，携带卢慕贞同往。在这一年里，卢慕贞与孙中山一同游历大江南北，在北京曾受到袁世凯的隆重欢迎。

主动提出离婚

卢慕贞是一位淡泊名利、对政治没有兴趣的女性。在1912年跟随孙中山游历大江南北时，就对长期不能为丈夫提供政治协助而内疚，特别是她从小缠脚，觉得与孙中山一起，会损害孙中山的形象，逐渐萌发了为孙中山另找一位内助的想法。她常对孙中山的侍卫郑卓说："我是乡下人，不识字，也不懂英文，先生的事我帮不了手，我缠着脚，连走路都不方便，怎能帮得起先生呢？"初时，卢慕贞曾劝孙中山纳妾，孙中山告诉她，革命党人已不再兴封建礼教这一套。后来卢慕贞主动提出了离婚。孙中山却不愿离开这位与他患难与共近30年的妻子，坚持要她长期留在自己身边。而卢慕贞却故意地躲开他，孙中山几次托人召卢慕贞会面，卢慕贞总借口照顾她娘家的母亲不肯离粤。1913 年二、三月间，孙中山游历日本，卢慕贞赶到日本，正式向孙中山提出离婚问题，不得已孙中山答应了她，并提出条件：你永远是孙家的人；孙科永远是你的儿子；回乡后皈依基督教。卢慕贞一一答允。3 月 16 日，卢慕贞乘坐的汽车误撞电线杆，卢慕贞和孙中山的秘书宋霭龄负伤，经医治无碍。接着国内发生袁世凯刺杀孙中山战友宋教仁事件，孙中山需要回国内组织反袁斗争，卢慕贞返回澳门。

1914 年，宋霭龄由孙中山介绍嫁与孔祥熙后，宋庆龄继其姐任孙中山的秘书。共同的志趣和革命理想培植了他们之间的感情，可是他们的婚事却遭到宋庆龄父母和孙中山周围部分人的反对。卢慕贞知道后，托人写信给廖仲恺夫人何香凝，请她成全孙、宋两家的婚事。此信在革命同志中传开后，成为当时革命同志的美谈。1915 年，孙中山与宋庆龄准备结婚，事前孙中山已与卢慕贞办理了正式离婚手续，但与宋庆龄的结合，孙中山仍征询卢慕贞的意见。孙中山书写了一封信，由儿子孙科和侍卫武官郑卓从日本带回澳门，卢慕贞随即吩咐孙科取来一支新的钢笔，在信中写上一个"可"字，随后对郑卓表述了自己不能支助孙中山的内疚心情，使郑卓感动得说不出话来。

孙中山对卢慕贞的生活一直十分关心。不时送回钱物或派人回乡慰问。卢慕贞在乡间参与多项善举，只要去信向孙中山要钱，孙中山都答应她的要求。护法战争期间，孙中山回粤主持军政，有空常到卢慕贞住处看望。在日理万机的繁忙日子里，仍不断给卢慕贞写信。至今保存在翠亨中山纪念馆中的六封孙中山给卢慕贞的信，充分表达了孙中山对卢慕贞的深情。孙中山每封信的信封都写上"卢夫人收"，信内称卢慕贞为"科母"（孙科母），自己署名为"科父"，还有几封使用自己结婚时的名字"德明"。在孙中山的眼里，卢慕贞一直是他的亲人。

卢慕贞与宋庆龄互敬互爱，姐妹相称。儿子孙科比宋庆龄年长几岁，卢慕贞告诫儿子要尊重继母，宋庆龄对孙科总是亲昵地称为"阿科"，母子感情和睦，只要孙中山去看望卢慕贞，宋庆龄每次都相随。1917 年、1923 年孙中山先后两次分别在澳门、广州看望卢慕贞，宋庆龄均同往，并一起合照留念。

卢慕贞对孙中山始终怀有深情，支持他的事业。1924 年，孙中山在广州创建黄埔军校，卢慕贞把自己养女的女婿送到孙中山队伍中，养女婿家乡南屏镇有十多位青年要求投报黄埔军校，卢慕贞多方支持，使这些年轻人如愿以偿。1925 年孙中山在北京逝世，卢慕贞在澳门悲痛万分，她请人代笔，发表悼念文章，称孙中山为"伟大的精神，伟大的人格"。其后，卢慕贞对孙中山的亲属，仍旧一往情深，多方照顾，特别是对孙中山的姐姐孙妙茜，一直照顾到中华人民共和国成立后。

晚年生活

卢慕贞与孙中山离婚后，较多的时间都在澳门居住，这是经过孙中山同意的。一是澳门离翠亨和娘家外茔乡都很近，来往方便；二是原孙眉在澳门有一套房子，孙眉建起来后原为弟弟孙中山住用，孙中山不在，由卢慕贞管理；三是卢慕贞与澳门一水之隔的南屏（今属珠海市）也有特殊关系。卢慕贞与孙中山离婚后，收养了一位养女，女婿是南屏人，卢慕贞到南屏看望养女和女婿，也较方便。除此之外，最重要的原因是卢慕贞在澳门能得到孙中山和孙中山战友们的照顾。孙中山的大哥晚年在澳门居住，对卢慕贞一向关心。另孙中山的一位结拜兄弟郑仲（南屏人），是老兴中会员，与孙眉、孙中山来往密切，此时也闲居在澳门，经常照顾卢慕贞。由于如上原因，卢慕贞在澳门居住了近 40 年。

　　卢慕贞在澳门居住的地方，原是孙眉出资建造，称为"孙公馆"。1915 年，孙眉对这座房子进行了扩建，未完工前另租屋为卢慕贞居住，就在同年，孙眉逝世，房子未扩建完工，卢慕贞生活遇到困难。1917 年，孙中山由粤军总司令许崇智陪同到澳门看望卢慕贞，许崇智看到卢慕贞住所简陋，另买了一套房子送她。1918 年"孙公馆"扩建完工，卢慕贞迁回居住。1931 年房子因附近火药局爆炸波及损毁，1933 年孙科再重建，即为澳门巴士底街第一号，1952 年卢慕贞逝世后，这座房子被开辟为"国父纪念馆"。

　　在澳门的日子里，卢慕贞继续秉承孙中山生前的意愿，力所能及地照顾着孙家的族人。乡间出现困难或纠纷，总是派人到澳门找卢慕贞，卢慕贞总是热情接待，需要政府解决的，卢慕贞也总是出面斡旋。对乡人中的不良行为，也尽力管教。族人孙社染上吸食鸦片的恶习，卢慕贞就把他召到澳门，强迫他改正，直到证明他已戒掉恶习后才放走。1936 年，岭南大学校长钟荣光奉命赴卢慕贞处收集孙中山遗物，卢慕贞献出保存多年的孙中山行医器物——沙滤缸。孙中山的姐姐孙妙茜与孙中山姐弟情深，孙中山逝世后，生活曾经困难，卢慕贞每月返乡两三次，与妙茜姑姐小叙，回乡时总带上一些食用品。抗战时期，孙妙茜婆孙三人生活无着，卢慕贞把她们接到澳门居住 8 年，抗战胜利后才返乡。

　　卢慕贞热爱祖国，关心祖国的命运。抗日战争爆发初期，中山县人民掀起抗日救国热潮，卢慕贞给予热情支持。中山县民众召开抗日救国大会，卢慕贞赶回县城参加群众大会。我党领导的抗日珠江纵队成立后，多次派人赴澳门开展抗日民族统一战线工作，卢慕贞都给予积极支持，并接待了珠江纵队领导人林锵云、刘田夫等同志。

　　卢慕贞与孙中山结合 30 年，生有一子二女。子孙科，长女孙娫，次女孙婉。孙科在国民党政府中任要职，孙娫早逝，孙婉侍奉卢慕贞晚年。

卢慕贞遵照孙中山的劝慰，离婚后便加入了基督教，后出任澳门浸信会会佐。1949 年底，大陆解放，国民党要员劝卢慕贞迁居台湾，卢慕贞眷恋家乡，借口年数已大不愿离开。1952 年 9 月 7 日，逝世于澳门。

灵堂前的婚礼

——记辛亥革命烈士熊成基的遗孀程舜仪

许凤仪

手捧灵牌拜天地

1912 年 9 月 4 日午夜 12 点，辛亥革命烈士、安庆马炮营起义军总司令熊成基的灵柩，从吉林运抵扬州。

熊成基奉孙中山、黄兴之命，从日本赴东北筹集革命经费，被奸人告密，清政府将其杀害。1912 年 3 月 12 日，中华民国临时大总统孙中山亲自参加了苏、皖烈士赵声、熊成基等人的追悼会。会后，熊成基的亲属和友人专程去吉林将烈士灵柩运回故里安葬。因为沿途各界群众纷纷举行公祭，延缓了行程，经过几个月的长途跋涉，灵柩才抵达扬州康山码头。

扬州第二军军长徐宝山，当夜传知扬州各界，次日 9 时集中康山，集队出城迎接熊成基的灵柩。熊成基灵柩抵达康山码头的消息很快在扬州传开。顿时全城沸腾，万人空巷，纷纷出城相迎。

简短的公祭仪式过后，人们肩抬灵柩，在排成长龙般的人群中缓缓前行。在灵柩前面导行的是一顶扎满白色玉兰花的花轿。轿内坐着的一位身着彩服的妙龄少女，就是熊成基的未婚妻程舜仪。她专程从海安娘家，赶来迎接未婚夫的灵柩。

灵柩缓缓走过长街，在史公祠停放下来。熊成基生前对史可法十分崇敬，他曾手捧《扬州十日》捶胸顿足，悲愤交加，立志要做史可法那样的民族英雄。熊成基的灵柩设在飨堂内，大江南北、四乡八镇的人们纷纷前来，公祭这位英雄。

庄严的灵堂挂满了挽联、孝幛。穿着大红大绿的程舜仪，跪在熊成基的灵柩前，手捧熊成基烈士的灵牌，哭诉道："舜仪自幼许配与你为妻，未结婚而你已英勇献身。舜仪钦佩你为国捐躯的光辉业绩，不愿毁约，今日与你成亲，志愿守寡，与你灵牌相伴终生。"

说完，手捧灵牌拜天拜地拜亲友。

拜堂之后，程舜仪卸下喜庆红绿嫁衣，换上一身孝服，默默守在熊成基的灵前。

扬州各界，公祭三日。

夫妻没有见过面

舜仪 5 岁那年，父母做主，将她许配给比她年长两岁的熊成基。

本来，老天爷是给程舜仪和熊成基一次会面机会的。

1908 年秋天，时任安庆马炮营起义军总司令的熊成基在起义失败后，遭到清廷悬赏捉拿。他化装成和尚，星夜逃到海安角斜，一来想避避风头，二来想与未婚妻程舜仪见上一面，然后去日本找孙中山，再谋大计。谁知他人未到，舜仪寄居的姑父汪芷洲家，已是密探四布，受到暗中监视。

一天深夜，装扮成和尚的熊成基轻轻敲开汪家大门，汪芷洲不禁大吃一惊。此时，安庆起义的消息，汪家及舜仪已有所耳闻，他们都在为熊成基的命运担心。熊成基的突然到来，令汪芷洲又喜又惊。汪是前清秀才，对清廷的腐败无能极为不满，对熊成基的革命壮举深为钦佩。见到熊成基安然无恙，当然欣喜。可是，密探就在他住处附近日夜游荡，为防不测，汪芷洲没有把熊成基到来的消息透露给家中任何人，也没有让熊成基在屋内居住，而是叫他在天井的紫藤架下的躺椅上过夜，自己坐在旁边望风守护。天刚放亮，汪芷洲又悄悄将他藏到一间隐蔽的阁楼上。为了掩人耳目，汪家当天大张旗鼓地请来和尚念经，超度亡人。木鱼声声，诵经喃喃，密探和邻居当然是不会注意的，就连程舜仪当时也不知道，夫婿就在身边。

熊成基本来想见一见舜仪，可当时处境太危险了，他不得不打消这个念头。夜幕降临，月黑星稀，汪芷洲打着灯笼，将依旧化装成和尚的熊成基送出城外，送上了东渡日本的征程。

程舜仪没有见到这位名声赫赫的未来夫婿，是非常惋惜的。熊成基临走前，姑母悄悄告诉她："熊家相公来了。"她真想壮起胆子求姑母帮她去见见熊成基，出于少女的羞涩，话到嘴边又咽下去了。但她还是趁天黑的时候，偷偷躲在屏风后头，听到熊成基和姑父的一段感人肺腑的简短对话。

汪芷洲心思重重地低声说："安庆起义，震惊朝廷，他们是不会放过你的。"

熊成基慷慨陈词："清兵入扬州，屠城十日，血流成河，味根（熊成基，字味根）永不忘记。只有推翻当今野蛮专制之政府，重行组织新政府，才能使我国同胞永享共和之幸福，以洗涤我国历史上莫大之耻辱。味根愿以一腔热血，浇灌中华自由之花。"

汪芷洲点点头，深表同情地说："可我这里不是久留之地，怎么办呢？"

熊成基坦然地说："东渡日本，求见孙中山，以图再举。"

熊成基走了，远远地走了。可他的话却深深打动了一个少女的心。她想，与这样的有志青年结为终身伴侣，无疑是美满幸福的。一个五光十色的五彩光环，在她的眼前熠熠闪耀。

她深深感到遗憾，那次没能与他见上一面，谈上一句话。

空房苦守 60 载

程舜仪穿着一身重孝，住进了熊家。她是名正言顺的熊家媳妇了。熊成基排行老三，扬州人的习惯，都称程舜仪为熊三太太。

民国成立后，国民政府追认熊成基为陆军上将，抚恤金是相当可观的。第一次抚恤金就是十多万元，尔后每年都是上万元。作为熊成基的夫人，理所当然地应该得到这笔钱。但是熊家的管事人在处理这笔抚恤金时，除部分留作建造"熊园"外，其余都贴补家用，仅给舜仪一点少得非常可怜的零用钱。因此，这位没有任何经济来源的熊三太太，日子过得相当窘迫。但是她非常坦然地说："靠烈士的鲜血去求安乐，图享受，于心何忍！而今还是国弱民穷，烈士遗愿，远未实现，粗茶淡饭足矣！"

程舜仪依照扬州风俗，按时按节给丈夫的亡灵上香长烛、烧钱化纸，清明节还要到远在五六里外的熊成基墓地祭扫。她给他的坟地锄草，给他的坟上添撮新土，将墓碑上的灰尘揩去，低声细语向他祷告：你这个"家"太寒酸了，待熊园建成后，你就可以搬"家"了，搬到瘦西湖畔，搬到城墙边了，离家近了，我就可以经常来看你了。

她终于得到一张熊成基的相片，那是他在东北狱里照的。他虽身陷囹圄，镣铐叮当，却是处之泰然，目光炯炯有神，显出一种大气凛然、威武不屈的英勇气概。她随即托人将照片放大，小心地安放在镜框中，挂在卧室里，让她和他岁岁年年、朝朝暮暮在一起，寂寞时，还可以跟他说上几句话，得到一点快慰。

1937 年，日本侵略军的铁蹄蹂躏扬州城，人们扶老携幼，纷纷出逃，程舜仪带着熊成基的照片，逃到海安娘家避难。她不愿增添娘家人的负担，便开了爿小酱园店。因为没有坐本，进不了货。酱坊的老板可怜她，赊给她一点酱菜酱油，等卖出去了再结账。一天，好不容易来了个"大户"，要买 10 斤酱油。可她店里总共不足 5 斤。她怕失掉这笔大生意，便请人想方设法"稳"住这位顾客，又从后门悄悄溜到酱坊赊来 10 斤酱油，终于做成了这笔生意，赚了几文钱，让她高兴了好些日子。含辛茹苦赚了几文钱，她不吝啬，全部用于补贴娘家生活。

扬州局势稍许平稳之后，思念熊成基的舜仪又回到了扬州。熊成基的抚恤金断了，日子越来越清苦。好在她常年吃斋，又会做甜酱，用甜酱蒸干子，打发那清贫的岁月。

在姑父汪秀才的教诲下，舜仪识得一些文字。平常，她总是家门不出，把《三国演义》《西厢记》都看烂了。她有个好记性、好口才，人缘又好，周围的邻居尊敬她、喜欢她。闲来无事，就挤到她的卧室来，坐在床边上，听熊三太太讲《三国演义》《西厢记》的故事。她讲得有声有色，人们总是百听不厌。

扬州解放了，人们沉浸在欢庆之中，国家百废待兴，新的政府还没有来得及照顾像熊三太太这样的烈士遗孀。她没有经济来源，境况越来越糟，善良的表弟不时从上海寄点零用钱来，也只是杯水车薪，难以解决她的生活问题。表弟也曾把她带到上海过了些日子，可她舍不得离开故乡，舍不得离开熊成基安息的地方。再说，表弟子女多，生活负担也重，更不忍心再牵累他们。于是，她执意回到扬州那个空荡寂寞的小屋。她没有任何收入，生活极其困难，有时一天只吃两顿稀粥，半饥半饱，打发时光。

好心的亲友劝她说："熊三太太，那个叫冷遹的当江苏省副省长了，他是熊成基的同事和部下，你找找他，不会不帮助你的。"

程舜仪淡淡一笑，说："人家当省长，要忙国家大事，何必去打扰他。我是烈士的遗孀，更不能打着烈士的招牌去讨吃讨喝讨钱用。"

她有个在外地读大学的姨侄女儿，知道姨母的艰难处境，便给扬州市政府写了一封信，陈述了熊成基遗孀程舜仪的艰难处境，请求政府给予照顾。市政府接到这封信非常重视。不久，街道办事处每月补助她15元生活费。在20世纪50年代，15元生活费是绰绰有余的。逢年过节，市里和街道的领导还带着礼物登门拜望。后来，她年岁大了，街道上又雇了一个中年妇女帮她做点杂事。

街道按月补助，大学毕业的姨侄女儿也不时寄点钱来，本来生活就很俭朴的程舜仪，吃穿零用不用愁了。谁知好景不长，1966年初夏"文革"兴起，年轻幼稚的"红卫兵"甚至提出熊成基是不是"革命派"的奇谈怪论，让熊三太太着实提心吊胆了一阵子。远在福建工作的姨侄女儿担心"文革"中姨母的生活没着落，硬是从自己微薄的工资中，抽出十元八元按月寄来。好心的邻居，生怕红卫兵批到这位国民党的陆军上将熊成基头上，牵累到孤独而可怜的熊三太太，无情地将姨侄女儿寄给她的生活费扣压起来，便帮她出主意，将钱寄到隔壁邻居家中，由邻居再转给她，这就万无一失了。可是，时隔不久，姨侄女儿也在劫难逃，受到审查，当然无法顾及远在扬州的姨母了。姨侄女儿不寄钱来，也没有信来，更是弄得她寝食不安。从"文革"开始，到她去世的2000多个日日夜夜，程舜仪就是在坐卧不宁、焦虑不安中熬过的。

生不同居死同葬

1973 年 4 月 5 日，清明节。程舜仪在寂寞中离开人世，时年 85 岁。

生前她曾托亲友汪明写过遗嘱：在世时没有和熊成基在一起，死后要与他合葬，永不分离。

遵照熊三太太的生前遗嘱，亲友打算将她的骨灰与熊成基合葬。但当时有关部门不同意将程舜仪的一捧骨灰，葬到熊成基身旁。理由不外乎两条：第一，夫妻合葬是"四旧"，不能死灰复燃；第二，熊成基是不是烈士还要审查。一位烈士遗孀最起码的要求没有能够实现，夫妻依旧天河相隔。

姨侄章丽廷将她的骨灰捧回百里之外的南京，葬在母亲的旁边，让她们姐妹两个相依为伴。

云散天开，历史终于翻开了新的一页。1981 年 10 月，首都各界纪念辛亥革命 70 周年的大会上，胡耀邦特别提到了功勋卓绝的黄兴、廖仲恺、秋瑾、熊成基等人的名字。他声情并茂地说：他们为革命奋斗牺牲的高尚精神，永远值得后人尊敬和学习，辛亥革命的这些杰出人物，将永载中国人民革命的光辉史册，光耀千秋！

国家领导人的讲话，令章丽廷看到了希望。他找扬州市的有关部门，请求让程舜仪、熊成基夫妇合葬。几经交涉，民政局答应了。章丽廷高兴地回到南京，将程舜仪的骨灰盒挖出来，又将骨灰移装到一只瓷坛里，并在坛口扎上一条红绸，姨母的愿望实现了，她将和丈夫熊成基永远在一起了，这是件喜事，应当给她披红挂彩，以示庆贺！

1984 年春天，人们掘开熊成基墓穴，让程舜仪如愿以偿安详地躺在丈夫的身旁，夫妻双双永远安息在平山堂东侧松涛滚滚、风光旖旎的万松岭中。

张学良、赵一荻

——记忆中的大伯大妈

———

张闾蘅

人的记忆有时会随着时光的流逝慢慢被稀释，但有些人与事却随着岁月沉淀而日益清晰，成为生命中或生活中不可或缺的一部分，并影响你的言行或改变你的人生轨迹。对于我来说，他们就是——我的大伯、大妈：张学良、赵一荻。

一

我们张家真是一个大家族，后来我才知道，我有那么多的亲戚。我的奶奶是东北张作霖的五夫人，我父亲张学森在张家中行五。我们一家原先一直住在天津，1948 年才搬到台湾，我当时年幼，不明白为何搬到台湾来，离开熟悉的环境到这么一个既陌生又贫穷的小岛上。我没有想到，正是因为搬到台湾，在后来的日子里，我们一家成为大伯、大妈最为亲近的人，成为一种互相依赖。不仅仅是血缘维系，而是彼此生命中最重要的一部分。

我到台湾继续上小学，在我上五年级的那年（大约是1954年），有一天，每天接我上下学的三轮车夫给我一张纸条，说妈妈让我放学后直接到台北中心诊所找她。我很高兴，因为这个中心诊所是台北当时医疗条件比较好的医院，院长是我们远房亲戚卢致德，他的手下有个厨师，会做一手地道的西餐，平时要想吃到他做的西餐，是要提前预订的。我以为一定是妈妈让我开开"洋荤"。

我到了诊所，寻思不对，妈妈在医院楼上的病房等我，再一看，全家人都在。一问才知道，不是来吃西餐，而是来看"大伯、大妈"，失望的心情是可以想象的。看到妈妈及家人焦急的样子，同时也觉得好奇，"大伯、大妈"长什么模样？一会儿，听到廊道有动静，家人都贴在门缝往外看，我呢，好不容易才看清大妈的模样，而大伯只见了背影。妈妈说：因为你大妈生病要住院开刀，大伯、大妈才从山里来到台北。

这是我第一次见到我的大伯、大妈。我无法理解：探视大伯、大妈干吗要这样"偷偷摸摸"，我怎么也无法将课本中的"张学良"与大伯联系在一起，为什么他们也在台湾，却不能与我们来往呢？记得奶奶常念叨说：你大伯、大妈被关在山里很长时间了，不知他们过得怎样？奶奶每每提及"大伯"总是神情忧伤。在我的印象中，那段时间，家里人时常提及大伯、大妈，好像他们住在一个很遥远的地方。后来我才知道，大伯、大妈从1946年11月被押往台湾后，一直幽禁在新竹县竹东的大山中。台湾当年的交通远不及今天这么便利，新竹在我的记忆中，已经是很遥远了。大伯、大妈在人烟稀少的山里一待就是十余年呀！

我上高中时，大伯、大妈才从高雄搬回台北，但还是不允许与家人见面。记得一个星期天，迪克（卢致德）约我们一家去做客，他家隔壁住着董显光（原"驻美大使"），听说那天大伯、大妈会到董显光家做客，这次，我们是隔着大玻璃窗观望。我终于看清了大伯的模样：个头不太高，有些发福，头发灰白，几乎掉光了。哦！这就是张学良？我的大伯！这就是奶奶、父母牵肠挂肚时时念叨的大伯，我怎么也想象不出当年"英俊少帅"的样子。心里甚感不平的是，这个"政府"真不讲道理！为什么把我们的长辈关了那么久？见一面跟"做贼"一样。太不公平！

那一天，大伯、大妈的模样，铭刻在我的记忆中。

二

高中毕业后，我到美国留学。1965 年是我留学后第一次返台省亲，也正是这一年，我在家中与大伯、大妈见了面。听家人说，大伯、大妈搬到台北后，在北投复兴岗建房，与过去相比，稍许自由些，大伯到台北市区总会来家坐坐。

说是正式见面，毕竟隔了两代人。大伯是张家的长子，与我父亲虽为异母兄弟，悬殊甚大。大伯带兵打仗时，我父亲还是嬉戏打闹的顽童一个。经家人介绍、寒暄之余，我看着两位长辈，岁月的沧桑似乎都刻在他们脸上，大伯的言语中不失机敏活泼，大妈话不多，眼神中总有一丝淡淡忧郁。他们大都与奶奶、妈妈交谈，我在旁边听着，大伯会不时看着我，眼神里充满了亲情与关爱……这次回台湾，与大伯、大妈见了两三次，我就又回美国纽约。现在想来，当时见面，没有好奇与激动，仿佛原本就熟悉并无陌生感。淡淡的问候中，能感受到大伯、大妈对亲情的渴望和希望同张家晚辈即我们姐妹聊聊天……大伯、大妈身边没有别的亲人，他们的子女均远在美国，只能靠书信来往。大伯知道我在美国留学，见到我是否会想起他们在美国的儿女呢？我不知道。但他看似不经意的凝视眼神，却长久留在我的记忆中。

三

读完大学，找到工作。我已习惯美国的生活节奏与环境，如果不是生了一场病，我可能会一直待在美国。在纽约期间，一入秋我就伤风，越冷越严重，吃什么药也不见好转，美国的大夫建议说，最好换个环境，到温暖的地方待上一段时间，否则很难恢复。没办法，我只好回台湾，想先回家休息一段时间再说。在外一人又多病，还是家好，这样我又回台湾了。

1967 年，我回到台湾，回家的感觉真好！我们在台湾的亲人，大大小小好几十口人，如果聚在一起，真是不一般的热闹。最常来的总是大伯、大妈。1964 年他们在台湾经历了"离婚""结婚"，人生对于他们来说，除了相依相伴形影不离，已到无欲无求的境界。每星期起码来我们家三到五次，每次来，总要弄出很大的"动静"。一群时刻跟随的"服侍"先进家转一圈，看有否陌生人后，便在门外警戒，有时甚至坐在屋里，面无表情地听我们家人聊天。

大伯似乎已经习惯了这种被人监视的生活，他很坦然，依旧与我们家人大摆"龙门阵"，聊到高兴时，笑声朗朗。或者拉我们一同去下馆子，边吃边聊。我就是从那时起，才真正认识了我这位"鼎鼎有名"的大伯，我与大伯的感情，也是在这段时间的交往中、在听他的讲述中慢慢建立起来的。

大伯喜欢讲述东北的往事，讲述他童年的故事，大伯的讲述唤醒了我童年时在天津馋吃冰花的记忆。海峡那边是我们的老家！我忽然想回老家看看，回祖国去看看……这一想法，彻底改变了我所有的计划，这也是后来我决定到香港发展，并在 1979 年冒着风险返回祖国内地的初衷。

现在想起那段与大伯、大妈在一起的时光，令人难忘。大伯家在北投，那块地皮是他买的，那栋房的格局是他设计的，他自己花钱盖的自然倾注了他的情感。在他们家里，除了吴妈——一位跟随他们同生死共患难的、不是亲人却胜似亲人的人，其余"服侍"的人，都是派来的看守特务。在大伯家的外围，也布满警卫，不让外人靠近。我们平时不能常去大伯家，偶尔去了，家人总要再三交代，说话要小心，隔墙有耳，不能口无遮拦，免得给他们添麻烦。当时我真是无法理解，看着他们宛如生活在"鸟笼"中，心里很压抑也很气愤。大伯的"自由"是很有限的，来往的朋友也少得可怜，除了家人，只有张群、张大千、王新衡、大卫黄（黄仁霖的儿子）等几家可以走动。大伯每次外出都要提前报告，出门时，总是两辆车，前一辆是大伯、大妈，跟随的一辆就是便衣特务或警卫。

大伯、大妈最开心的日子是逢年过节。每到年三十，我们与大伯、大妈一起在北投过年，平时他们家冷清寂寞，连玩牌都不允许。这一天可以例外。大妈忙里忙外准备年夜饭，她烧得一手好菜，中西餐都很拿手，尤其是西式蛋糕更是一绝，小巧精致、香甜诱人。吃过年夜饭，大伯带头玩牌，别看他的视力听力均不好，每次赢家总是他，我们口袋里的"红包"还未捂热，大部分的压岁钱都回到他手里，看我们沮丧的样子，他呵呵一笑，"要钱，你们差远了，我是拜过师的"！有时，玩过了通宵，亦不知疲倦，而我们都东倒西歪了。这就是我的大伯，天性爱热闹、爱玩、爱生活。有时我会想，那些囚禁的日子、与世隔绝的时光，大伯、大妈是怎样熬过来的？在他的记忆中，那是一段什么样的日子呢？

后来我在香港定居了，往返台湾很方便，只要我回到台湾，大伯几乎每天都来，他往屋里一坐，打开"话匣子"，奶奶、妈妈、我们都成为他的听众，讲他的童年、他在东北的往事，讲祖父张作霖的趣事，偶尔也会讲起囚禁生活中的逗乐的事……在他的讲述中，张家的"老事"、人与物似乎都鲜活地呈现在我面前，那些原本遥远、陌生的人与事，对于我们这些从小生活在台湾的张家后人来说，慢慢变得清晰似可触摸。

四

日子久了，我与妹妹闾芝成为大伯最好的倾诉对象。常常是我们三人聊，大妈有时就避开，因为她一见我们总是谈《圣经》或上帝，别说我们，有时大伯也烦，就打断她说"换个话题"。我理解大伯，他在漫长的囚禁生活中，除了大妈，无人可聊，他是靠回忆、靠读书度过那段难熬的日子，他的周围全是看守监视的人，那些人还时时提醒他"不能跟陌生人交谈"！大伯的心里积存了太多太多想说的话。

记得有一次，大伯笑着对我妹妹说："你大姐一回来，那批跟班可忙坏了！"因为我好交际，朋友多，只要我回台湾，家中便"高朋满座"热闹无比。大伯来了，很开心地看着我们，并不时与我的朋友聊上几句，这让那批"跟班"的非常紧张，当时，凡是与大伯说过话或见过面的人，都是"跟班"们调查的对象，都必须一一询问，记录在案。"跟班"们知道都是我的朋友，他们不好意思直截了当向我盘问，常常问家里的佣人、司机或楼下看更打听，但他们哪能百分之百地掌握实情，有很多时候，我有意弄虚作假，这些大伯都看在眼里，心里跟我一样得意高兴！

调皮爱热闹的性格跟我们这批年轻人一拍即合，只要我们在，大伯几乎每天都来。这也是大伯喜欢到我们家的缘故吧。有时一待就是半天，吃了晚饭还没有动身的意思，"跟班"的就不时上楼来催，大妈有些紧张，可大伯正聊得兴头，故意装听不见，能多待一会儿，他就多"赖"一会儿……每次看到大伯如贪玩的顽童不愿"回家"，而"跟班"的又不停地催促，心里又痛又恨！大伯、大妈已经被他们囚禁了那么久，为什么还不放过他们？这种"管束"的日子何时才能结束呢？听大伯讲，他在20世纪30年代就拥有自己的"私人飞机"，甚至自己驾驶飞机到南京开会，再想想现在，这叫什么日子？他内心的痛楚，是言语无法表达的。环境、容貌都在改变，但唯一没变的，是他性格中的开朗豁达与率真。连我的朋友都知道，我家有一个"顽童"般的大伯，喜欢与他聊天，听他讲故事。只要你跟他待一会儿，你就会被他的睿智所吸引。

五

我常对自己说，我真幸运能有这么一位长辈，从他那里，我学会了许多做人处事的道理，他对我们的呵护、关爱，细微无声，一句话或一个眼神，他认为我们做得不对时，最多说一句"你们不懂"或"糊涂"，然后他会告诉你，应该如何去做，像对朋友一样娓娓道来。从他言谈中，我能感受到他对家人、家乡、国家、民族的挚爱，谈起这些话题时，他兴奋不已、神采飞扬，有时说着说着，黯然神伤，音落神凝。即便现在，一想起他陷入沉思中的伤感神情，我的泪水仍会夺眶而出。他的心时时牵挂着两边，一边是他的老家故土，另一边是远在他国的儿女……正因为我们能感受到他内心的寂寞与思念，我们想为他做点事，我与妹妹间芝的生活都改变了。妹妹先是成了大伯、大妈的大"管家"，而后提前"退休"陪伴他们。我呢，1979年"贸然"进了大陆，乘火车去了广州。

这是我自1948年离开天津，第一次返回内地。回到香港后急不可待飞往台湾，想把我在内地的所见所闻告诉大伯。见了大伯后，还未开口，大伯悄悄先问了一句："你回大陆了？"吓了我一跳！我进内地没告诉任何人，担心乘飞机，航空公司要登记才改乘火车，大伯怎么会知道呢？后来大伯告诉我，当局对进出内地的人是密切"关注"的，那些"跟班"已知情况，是要大伯找我核实。大伯告诉他们，要问你们自己去问！但除了大伯，始终也没人找过我，他们知道问也白问。

有惊无险，反正也是"记录在案"，我依旧不管不顾进出内地。我去了许多地方，也认识不少新朋友，大伯说过的地方，我都会去看看、听听。回台湾后，赶紧一一告诉大伯，我就是想让大伯多知道些曾经在他梦中牵挂的人与事。1982 年，我到北京，见到了时任全国政协副秘书长、杨虎城将军之子杨拯民，他热情款待了我，介绍我认识一些大伯的熟人，我也告之大伯的情况。回台湾后，我向大伯转达了他们的问候。大伯听了很高兴！他悄悄告诉我：再回内地，可以找两个人，一位是吕正操，另一位是万毅。说这两位都是他以前的老部下……

我按大伯的意思去做，无形中变成大伯与他部属之间的"联络员"，也成为自 1936 年西安事变之后尤其是 1949 年海峡两岸历经多年隔绝之后，大伯与祖国内地可以互通信息的唯一渠道。一方面是我的性格使然，另一方面也是基于在台湾，我们与大伯这种特殊的关系，这是无人可以替代的。但我心里清楚，是大伯的言行影响和改变了我，改变了我和妹妹闾芝的人生。我曾希望在他有生之年，为他多做点事，让他心里的愿望得以实现。这就是多年来我奔波于途的使命感。

大伯、大妈后来去了夏威夷，我们全家陪着他们一同沐浴着阳光与海风，这样自由自在的时光对于他们来说，来得太晚了！我是看着他挽起袖子生气勃勃的躯体日渐枯干，炯炯有神的目光在悄然暗淡……我读懂了什么叫"力不从心"！我无法阻挡时间的脚步，在大妈去世一年后，

2001 年，大伯也画上了人生句号。大伯走了，带着遗憾走了！只有我知道，大伯的有些愿望是永远无法实现了！每每念及，潸然泪下，伤感无限！遗憾无限！

六

西安事变已经过去 70 年了。西安事变是中国近代历史的转折点，也是我大伯人生"大起大落"的转折点，在国难当头之际，他用枪扣押了"上司"，逼其抗日；又抱着牺牲自我的精神，面对遥遥无期的"管束"，这不是一般人可以做到的。

在许多人的眼中，他们是曾经的风云人物，的确，他们的一生始终被人"前呼后拥"着：早年是他众多的部下，晚年是各种访客与媒体，在台湾则是一群甩都甩不掉的"跟班"……人生起伏，荣辱烟云，坦然处之，这就是我眼中的张学良、赵一荻，我可亲可爱的大伯、大妈。

芳影如生随处在

——陈毅"爱情诗"背后的故事

———

曹晋杰

陈昊苏编的《陈毅诗词全集》收入陈毅诗作 357 首，几乎全是怀旧事，纪征程，抒豪情，寄壮志之作，气魄雄浑。仅有的几首爱情诗，反映了陈毅生平的另一个侧面，读来情意绵绵，令人荡气回肠。

挥泪赋《忆亡》，痛悼爱妻肖菊英

1927 年 10 月，朱德、陈毅率南昌起义的余部进驻江西信丰。一次，朱德和陈毅正召集当地开明士绅座谈，秘书进来，与朱德耳语几句，朱德马上叫陈毅去处理十几个战士抢劫了离城 20 余里的一家当铺的事。陈毅骑马赶去，命令战士列队听他训话。陈毅首先讲了革命队伍与国民党军队不同，革命战士应爱护群众一草一木，然后要大家把抢来的钱物交还，并查出三个为首的抢劫者，当场枪决以平民愤。朱德知道后很赞成陈毅的处理，开会宣布这支队伍由他和陈毅共同领导。此时，群众中有个年仅 15 岁的女孩长得美丽端庄，她就是信丰县妇女解放协会主席肖菊英。陈毅风流倜傥的英姿和义正词严的谈吐，在她的脑海里留下了深刻的印象。

1930 年 7 月，活动在赣南的二十六、二十七、二十八纵队和赣南独立师合编成红二十二军，隶属红一军团，陈毅任军长，邱达三任政委。陈毅到任后，先在信丰黄泥排后迁至犀牛和信丰城内办起干部学校，自任校长，为红二十二军和地方武装培养骨干。肖菊英是干部学校的第一批学员。她学习刻苦，发愤好强，不仅政治、军事训练成绩优秀，还是学校的文娱骨干。肖菊英的美丽端庄，深深打动了陈毅的心。在肖菊英父母的支持下，他们很快订下了婚事。

当年 8 月中旬，为了配合攻打长沙中途撤回的红一军团主力攻下吉安城，陈毅奉命率红二十二军开赴前线，干部学校的学员提前结业，肖菊英分配到红二十二军军部参谋处担任秘书工作。部队撤离信丰前，肖菊英和陈毅一同回家向父母告别。肖菊英对父母说："我们部队马上要出发开往远处，这次走了，不知何年何月才能相会。"又坚定地说："我已做好准备，如果革命不成功，不会再回来。"母亲抚摸着爱女，难分难舍，潸然泪下。陈毅见此情景，忙安慰岳父母莫要悲伤，并提议能否送一件肖菊英心爱之物作纪念。母亲沉思了一下，看到门外肖菊英骑的那匹大黄马，背上没有鞍子，便到内屋找出她自己陪嫁的一条红毛毯，搭在马背上。祝福即将离别的女儿、女婿以及红军部队旗开得胜，革命成功，早日回家团聚。

9 月，时年 29 岁的陈毅率红二十二军到达泰和县城，与 18 岁的肖菊英正式结婚，婚后第二天继续向吉安进军，10 月 4 日攻下了吉安。陈毅和肖菊英的蜜月就是在攻打吉安的行军与作战途中度过的。

红一军团攻克吉安后，在缴获敌人的文件中，发现了有关"AB 团"

的资料，其中涉及中共江西省行委和赣西南特委的某些干部。"AB 团"是国民党右派在国民党江西省党部中一小撮极端分子纠合起来的秘密组织，只存在几个月就自行消失了。红一方面军总前委却认为赣西南的党组织存在"非常严重的危机"，必须来一番根本的改造，以"挽救这一危机"。遂于 1930 年 12 月初，派红一方面军总政治部政务处处长李韶九，携带总前委指示信，并率一连部队，到中共江西省行委、省苏维埃政府所在地富田，实施肃反任务，准备"找到线索来一个大的突破"。李韶九一到富田，就采用逼供信的手段，大量捕人。几天时间，在中共江西省行委、江西省苏维埃政府及赣西南特委机关，抓捕了包括主要领导干部在内的 100 余人，搞得机关人人自危。在此情况下，中共江西省行委和江西地方武装红二十军的部分负责人便铤而走险，干了两件很坏的事：一是模仿毛泽东的笔迹，伪造了毛泽东给总前委秘书古柏的信，制造要把朱德、彭德怀、黄公略打成"AB 团主犯"的谣言，企图制造总前委分裂的局面。他们故意把此信送到彭德怀手中，彭德怀一眼看穿此信乃伪造，将信送给毛泽东，揭穿了这一阴谋。二是他们鼓动红二十军哗变，扣留李韶九，放出被捕人，并率红二十军西渡赣江，脱离总前委领导，单独到永新、莲花一带活动。他们还提出"打倒毛泽东"，"拥护朱、彭、黄"的口号，这就是著名的"富田事变"。

"富田事变"给红一方面军总前委以极大震惊，也使全党受到极大震动，错误认为"富田事变"是"AB 团"里应外合，公开背叛。总前委对"富田事变"要取"坚决进攻的策略"，毛泽东以中国工农红军革命委员会的名义，起草了讨逆布告，说："段（良弼）、谢（汉昌）、刘（启）、李（文林）谋逆，叛变起于富田，赶走曾山主席，扣留中央委员，反对工农红军，反对分地分田"，号召中央苏区军民进行反击和镇压。于是中央苏区打"AB 团"的肃反运动，在"阶级决战"的口号之下，不断升格，导致广泛扩大化，给党和红军造成了难以估量的惨痛损失。

"富田事变"发生后，陈毅奉命去抓"AB团"的重灾地区赣西南担任特委书记，其时正是蒋介石发动的对中央苏区第一次大"围剿"被击退、第二次大"围剿"即将开始的关键时刻，陈毅从大局出发，伸张正义，释放了一大批被错抓的所谓"AB团骨干分子"，很快稳定了人心，积极投入第二次反"围剿"战斗。陈毅此举引起了负责肃反工作的领导人李韶九的怀疑和不满，他给陈毅扣上了"AB团总团长"的帽子，连肖菊英也被说成是"AB团骨干分子"。红二十二军政委邱达三已被当成"AB团骨干分子"抓了起来，肖菊英对陈毅的安全自然十分担心。

此时，赣西南特委机关住在兴国县城李家祠堂内，这祠堂原是清光绪年间江南提督军门李占椿的花园别墅，地方比较大。陈毅和肖菊英住在后边绣花楼上。肖菊英一面担任特委的机要秘书，一面还兼任特委妇女部长。二人互相理解，互相信任，互相支持，同甘共苦，坚定地战斗在一起。

第二次反"围剿"胜利不久，陈毅突然接到上级通知，叫他连夜带一名警卫员去于都参加紧急会议。他对抓"AB团"的错误做法十分不满，同肃反负责人李韶九有过激烈争吵，中共江西省行委书记李文林就是去开会被当成"AB团骨干"抓起来的，因此陈毅暗忖此行凶多吉少。临行时，他嘱咐肖菊英说："我去开会了，三天之内不回来，你就快走，到你老家信丰藏起来。如果我没事，我会派人把你接回来。"

陈毅到达于都后，才知道是开地方工作会议，部署中央苏区第三次反"围剿"准备工作，其中有一项是要求各地立即停止抓"AB团"，纠正肃反扩大化，陈毅虚惊一场。陈毅在回归途中，遇到了国民党地方武装民团的袭击，白马被打死了，他只得和警卫员绕道步行，回到兴国县城已是第四天下午。

陈毅走后，肖菊英一直心神不宁，到了和陈毅约定的第三天晚上，她坐在窗前，望眼欲穿，等待陈毅归来。她仿佛听到街上传来狗叫声，似乎又有人敲门，喜出望外，匆匆下楼去开门，可门外空无一人，使她大失所望。眼看天色微明，她彻底绝望，决心"和陈毅一起去"了，毅然跳入楼下的古井中。

陈毅满怀夫妻重逢的喜悦心情，推开李家祠堂大门，眼前只见白花挂在厅堂内，刚被捞起的肖菊英湿淋淋地躺在门板上。陈毅心如刀绞。他强忍悲痛，将爱妻遗体草草埋葬在兴国县城平川中学后边的山坡上。送葬归来，一夜无眠，含泪写下了一首题为《忆亡》的诗。陈毅写道：

余妻肖菊英，不幸牺牲，草草送葬，夜来为诗，语无伦次，哀哉。

泉山渺渺汝何之？检点遗篇几首诗。

芳影如生随处在，依稀门角见玉姿。

检点遗篇几首诗，几回读罢几回痴。

人间总比天堂好，凤愿能偿连理枝。

依稀门角见玉姿，定睛知误强自支。

送葬归来凉月夜，泉山渺渺汝何之。

革命生涯都说好，军前效力死还高。

艰难困苦平常事，丧偶中年泪更滔。

肖菊英牺牲后，陈毅曾化装到信丰，向岳父母讲述肖菊英牺牲经过。1949 年 8 月，信丰刚解放，时任人民解放军第三野战军司令员兼上海市人民政府市长的陈毅，就致电中共赣西南区党委书记杨尚奎，再次提到肖菊英牺牲和她尸骨被国民党军挖毁之事，托付杨尚奎向肖菊英亲属表示抚慰。1950 年春，陈毅又致信中南军政委员会公安部副部长、肖菊英的老同学钱益民，询问肖菊英亲属的近况，得知肖菊英父亲已去世，邀肖菊英母亲、弟弟来上海会面。后来陈毅还根据肖菊英两个弟弟的技术专长，建议江西省有关部门安排了工作。1952 年，陈毅又给肖菊英母亲寄去近照，以示对亡妻的怀念和对岳母的抚慰。

《兴国旅舍》书怀，追念亡妻赖月明

肖菊英去世后，陈毅一直生活在感情的阴影下，时任中共江西省委书记的李富春和省委组织部部长兼妇女部部长的蔡畅夫妇，看在眼里，痛在心中，他俩主动当"月老"，热心牵线搭桥，1932 年 5 月，陈毅与江西省少共儿童局干事、18 岁的赖月明结了婚。赖月明原名赖三娇，是兴国县石村人，出身开明士绅家庭，17 岁参加革命工作。她生得品貌端庄，能文能武，深得陈毅之爱。她和陈毅婚后，互相勉励，生活得很幸福。可是，陈毅工作在前线，赖月明工作在后方，他俩蜜月仅短短几天，以后两人一直是聚少离多，长期不在一起。

陈毅和赖月明婚后第二年，蒋介石调集百万大军对苏区进行第五次大"围剿"，直接用于中央苏区的兵力达 50 万人，而且"步步为营，堡垒推进"，中央苏区执行"左"倾路线的领导们，反对毛泽东的正确战略战术，用共产国际派来的军事专家李德的一套战法应对。作战开始后，陈毅受命负责指挥二十三军，警卫师，独立二、三、四、十一、十三团及江西军区各地方游击队，在招远、新丰前线作战，上级规定的作战方针是"阵地防御，步步设防"，作战十分艰苦。

1934 年 8 月 28 日上午，战线已退到万安、兴国老营盘一线，陈毅来到三军团六师的前沿阵地视察，正值敌周浑元部一个师在飞机、大炮掩护下，向老营盘阵地猛烈攻击。陈毅视察完毕，作了指示，离开六师的前沿指挥所，此时，右胯骨被敌弹击中，造成粉碎性骨折，顿时倾倒，血流如注。

陈毅负重伤后，住进了瑞金云石山中央苏维埃国家医院，赖月明闻讯十分焦急，她连夜来到陈毅身边看护。这是她和陈毅婚后夫妻较长时间的一次团聚，前后两个多月。

陈毅本应做外科手术，但国家医院没有电源，不能拍 X 光片，医生只得让他服药治疗保养。过了一段时间，陈毅烧退了，大腿仍是红肿疼痛，不能伸直，不能下床。这时陈毅十分焦急，听说中央机关和红军主力就要撤出中央革命根据地，还没有一位中央领导人找他谈过话。10 月9 日，国家医院各科室的医疗器械、药品都装箱了，看样子一两天就要转移，陈毅在同病房的陈正人、周裕立二人劝说下，这才给中央革命军事委员会副主席周恩来写了信。周恩来接信后当天即派人把电台的一台汽油发电机送来，医院连夜将装了箱的手术器械打开，拍了 X 光片，为陈毅做了手术，取出体内碎骨。第二天，周恩来代表中央来看望陈毅并传达中央的决定：主力红军转移后，中央苏区成立中央分局和中央政府办事处，项英任中央分局书记，陈毅任中央政府办事处主任。

10 月底，中央分局和中央政府办事处从瑞金梅坑迁到于都县境内宽田。其时几路"进剿"中央苏区的大兵即将压境，形势十分危急。陈毅首先动员自己妻子赖月明回兴国老家，赖月明舍不得离开丈夫，但这是革命大局，只能服从。陈毅不放心她一人走，特地派了宜黄县委组织部部长万香一路护送。陈毅和赖月明分手后，陈毅将毛泽覃妻子贺怡、毛泽东与贺子珍的儿子小毛、贺子珍父母亲等，分乘三条装钨砂和粮食的船，送到赣州郊区隐藏起来。接着陈毅就投入到三年游击战争的生涯。

1937 年 9 月，第二次国共合作抗日，陈毅率领的赣南红军游击队编入新四军。他下山后，几次派人到兴国寻找赖月明，都未见踪影。10 月

4日，陈毅亲自带着贺怡、宋生发前往兴国，就关于释放政治犯问题与国民党兴国县政府交涉。除了公事外，另一个目的就是寻找失散多年的妻子赖月明。

10月6日，宋生发打探到了确实消息，赖月明回到家乡后继续坚持斗争，不幸被捕，国民党一个姓方的乡丁看中了她，硬要娶她，赖月明宁死不从，跳崖自尽了。

对于赖月明可能遭到不幸，陈毅是有思想准备的，但一经证实，仍然感到五雷轰顶。回想起赖月明的音容笑貌，陈毅心中充满无限的怀念与苍凉，禁不住泪流满面，在那破旧的芳园旅舍，陈毅面对孤灯，提笔写下《兴国旅舍》以表达自己的哀思：

> 兴城旅夜倍凄清，破纸窗前透月明。
>
> 战斗艰难还剩我，阿蒙愧负故人情。

当年陈毅送别赖月明，夫妻俩依依不舍的情景犹历历在目，想不到这次竟是诀别，从此二人天上人间永无相见之日，一句"愧负故人情"，充分表达了陈毅对赖月明牺牲的悲愤和内疚。

从《赞春兰》到《所思》，深爱娇妻张茜无限情

南方红军游击队改编后，陈毅任新四军第一支队司令员，开赴前线抗日。1939年3月，周恩来陪叶挺从重庆来皖南军部视察工作。3月10日，军部大礼堂演出陈白尘编的四幕话剧《魔窟》，内容是揭露某沦陷区一小撮地痞流氓，争夺伪维持会实权，讨好日本主子，欺压百姓的种种罪恶，由军战地服务团戏剧组演出，邵惟导演，吴强扮演伪教育局局长吴从国，周纫蕙扮演女光棍孙大娘，张茜扮演有民族气节的妓女小白

菜。陈毅从江南来军部参加会议，也看了演出，对扮演小白菜的张茜一见钟情。一天晚上，军战地服务团团长朱克靖来看望陈毅，陈毅和他是老友，谈到了张茜，朱克靖介绍说，张茜是他从武汉招收来的，出身于船员家庭，是独生女，乳名春兰，学名掌珠，才 17 岁。陈毅得知张茜乳名春兰，魂牵梦萦，特地写了一首题为《赞春兰》的诗，诗曰：

> 小箭含胎初上岗，似是欲绽蕊初黄。
> 娇姿高雅世难觅，万紫千红妒幽香。

当年 10 月，朱克靖从军战地服务团抽了 20 多人，组成一个小分队，由夏时领队，去新四军江南指挥部开展宣传演出活动，特地把张茜也派了去。11 月 7 日，小分队在江南指挥部驻地水西村演出《魔窟》，缺少道具，张茜跑去找陈毅借军服，陈毅当即脱下自己身上穿的一套军装，让张茜拿走，他忘记了自己写的《赞春兰》诗稿还放在上衣口袋里。张茜回到住地，发现陈毅军服口袋内有东西，就掏出来看是不是重要文件，一看是首诗，便轻声念了起来，念完诗稿顿时满脸飞红，想不到陈毅如此爱慕自己，她不声不响地又将诗稿装进口袋里。

此后，陈毅几次与张茜见面，他放开心扉向张茜讲了自己的革命经历和两次婚姻的悲剧，陈毅光明磊落的胸怀打动了张茜的心，两人的距离拉近了。不久，张茜又收到陈毅写给她的一首求爱诗：

> 春光照眼意如痴，愧我江南统锐师。
> 豪情廿载今何在？输与红芳不自知。

1940 年 2 月，39 岁的陈毅与 18 岁的张茜在新四军江南指挥部住地

溧阳水西村结婚，当晚陈毅写下了题为《佳期》的诗，满怀甜蜜之情，
记录下他与张茜这个幸福时刻：

> 烛影摇红喜可知，催妆为赋小乔诗。
>
> 同心能偿深疑梦，注目相看不语时。
>
> 一笑艰难成往事，共盟奋勉记佳期。
>
> 百年一吻叮咛后，明月来窥夜正迟。

这对革命夫妻的爱极富特色，陈毅的爱透露着戎马战将的深沉气
魄，张茜的爱洋溢着青春激情。在艰苦的战争年代，陈毅与张茜聚少离
多，陈毅时常写诗表达他对张茜的思念之情。1941年初，张茜从苏中北
上盐城，陈毅久候不至，特地写了《内人东来未至，夜有作》：

> 足音常在耳间鸣，一路风波梦不成。
>
> 漏尽四更天未晓，明月知我此时情。

1943年11月，陈毅奉命由淮南赴延安，张茜身怀有孕，带着长子
昊苏留在淮南。行前陈毅赋诗辞别：

> 我行访塞北，君留守淮南。
>
> 彼此单形影，独自料温寒。

1944年2月，陈毅过吕梁山，怀念张茜，写了一首《寄内》诗：

> 地冻天寒西北行，山川遥共客心深。

　　最是荒村风雪夜，思君吟咏到天明。

　　留在淮南的张茜，生下次子丹淮，她带着两个幼儿，被组织上安排到津浦路明光站东南农村打埋伏，直到抗战胜利。张茜思念陈毅，写了一首《寄怀》诗：

　　　　鸣声凄凄孤蝉哀，情思郁郁人伤怀。
　　　　行云惝步回苍穹，游子久留羁旅中。
　　　　空向行云疑眸处，望穿秋水人不至。
　　　　几番报归盼欢聚，几番又传归期误。
　　　　归期误，
　　　　一别春秋已两度，幼儿长成双询父。

　　1945 年冬，陈毅从延安到山东临沂，接张茜和两个孩子去临沂团聚。第二年，蒋介石发动内战，张茜随陈毅转战山东。1947 年 8 月，山东战场形势吃紧，张茜又生了三子小鲁，她带着三个幼儿随我军家属一道，由烟台登船撤往当时苏联红军驻守的大连港。由于我军不具备海上作战能力，撤退途中有同志遇险，消息传来陈毅十分忧虑，特写了《所思》一首：

　　　　几番分离，饱识分离苦。
　　　　誓不分离，分离又我汝。
　　　　不言分离出意料，如问团聚在何处？
　　　　战争遮断音尘隔，日日相思鬓带雪。
　　　　朝朝暮暮理戎机，公义应将私情绝。

自宽自解去复来，惧将生离成死别。

蓦然昨夜梦中寻，又见汝身尽是血。

醒来虽然知是梦，难解愁肠千百结。

誓祝再聚不分离，但愿再会常欢悦。

长忆送汝登车日，屈指迄今已三月。

军中不羡愚夫妇，镇日相守到白头。

但望渡海天地宽，稳渡勿为蛟龙得。

张茜在大连，抓紧时间学习俄语和英语，直到上海解放，才和陈毅团聚。陈毅和张茜共同生活了 30 年，生有三子一女，1972 年 1 月 6 日陈毅去世，第二年张茜也患了癌症，她抱病编成了《陈毅诗词选集》，于 1974 年 3 月 20 日病逝，年仅 50 岁。张茜留下了《陈毅诗词选集》编成题后二首。

其一：

因病堪悲唯自勉，理君遗作见生平。

持枪跃马经殊死，秉笔勤书记战程。

波漾流溪冬月影，风回碣石夏潮声。

残躯何幸逾寒暑，一卷编成慰我情。

其二：

强扶病体理遗篇，争取分阴又一年。

把卷忆君平日事，淋漓幸会溢行间。

父亲徐海东的婚恋奇缘

徐文惠口述　窦忠如整理

　　美国著名记者埃德加·斯诺在《西行漫记》中说："中国共产党的军事领导人中，恐怕没有人能比徐海东更加大名鼎鼎，也肯定没有人能比他更加神秘的了。""大名鼎鼎"的开国大将徐海东，曾被毛泽东赞誉为"工人阶级的一面旗帜""红军领袖，群众领袖""对中国革命有大功的人"；更加神秘的"中国的夏伯阳"徐海东，虽然没有像夏伯阳那样最后杳无音讯，但是他自抗日战争中期就因伤病而逐渐淡出了人们的视线，至于其与三个女子传奇的婚恋奇缘，更是历经半个多世纪也鲜为人知。年逾古稀的徐海东之女徐文惠老人首次披露这一史实，实在是弥足珍贵。

三个姐妹三个妈

　　我们姐妹三人是三个妈妈生的。

　　大姐徐文金是大妈生的，大妈徐田氏（原名田得斋）也是地下党员。1928 年大革命失败后，父亲遭到国民党反动派的追捕，被迫离开家乡，大妈随后被国民党反动派抓起来，当时大姐只有两三岁，也跟着大妈被关进了大牢里。1931 年出狱后，大妈听说父亲已经牺牲了，徐家先后也有 66 口人被国民党反动派杀害，为了生计她只好隐姓埋名带着大姐改嫁到一户姓高（戴）的人家。直到 1951 年春节前，大姐才被我们找到，大姐本来想让父亲帮着在城里找个工作，父亲说："现在刚刚解放，政府负担还很重，你又没有文化，怎能搞特殊呢？再说，我们流血闹革命图个啥？现在农村有田地种，有房子住，穷苦的老百姓翻身做了主人，你回到农村与乡亲们一道种田有什么不好呢？"就这样，大姐一家人一直生活在湖北省大悟县新城镇的灿金套村里。

除了大姐外，人们都不知道我还有一个二姐，叫徐文玉，父母对我们家教很严，从来不准我们叫哥哥姐姐的名字，直到现在我也是叫大姐或二姐。二姐的妈妈也就是我的二妈，叫夏国钦，是地方妇救会的一名干部，她非常喜欢我父亲。当时，父亲听说大妈已经被国民党杀害了，就跟二妈结了婚，后来知道二妈是已经嫁了人的人，就离开了她。当时，父亲并不清楚二妈已经怀了孕，直到前些年我们下乡寻亲时，才意外地找到了这个二姐。

我妈妈叫周东屏（原名周少兰），是父亲率领红二十五军长征时认识的。妈妈是河南人，出生在安徽，也是穷苦人家的孩子，10 岁时被卖给人家当童养媳，12 岁逃出来参加革命。妈妈年轻时像个男人，干事风风火火，心直口快，性格也很倔强。当时，农村女人嫁人的在脑后挽个髻，没嫁人的就扎两个辫子，妈妈却把头发剪成短发，所以人们都叫她"周披毛子"，这个称呼比她当 13 个乡少先队大队长还响亮。说到妈妈和父亲的姻缘，还要从 1934 年说起。

路遇"七仙女"

1934 年 11 月 15 日,妈妈和张秀兰、田绪兰、曾继兰、余国清、曹宗凯、戴觉敏七个女看护,当时人称"七仙女",在红二十五军医院副院长吴子兰带领下来到军部所在地罗山县何家冲,军首长告诉她们组成一个随军医院,每人准备两双单鞋和三天干粮,第二天跟随红二十五军主力离开根据地去打远游击。

踏上长征路的第三天,红二十五军就遭遇到东北军九个师和对鄂豫皖根据地实施"追剿"的敌五个支队共 40 多个团兵力的围追堵击。红二十五军为了迅速实现战略转移的目的,长征一开始就是远程急行军,这使妈妈等七名女看护只能是疲于奔命。在红二十五军接近平汉路时,军参谋长戴季英派人找到妈妈等人,给每人发了八块大洋,要求她们留在当地,找个良民之家或做女儿或做儿媳。面对这突如其来的变故,"七仙女"一时都傻了眼,胆大泼辣的妈妈擦着眼泪把大洋摔在地上,与来人吵了起来:"回去?回哪儿去?我是逃出来参加革命的,难道还要让我回去当童养媳吗?"正在吵吵嚷嚷时,一阵清脆的马蹄声由远而近传来,妈妈见是父亲骑马而来,就哭诉起来:"参谋长偏心眼儿,就偏着他的三寸金莲,把我们几个给撇下了。"妈妈说的三寸金莲,是后来与戴季英结为夫妻的张秀兰。当时,张秀兰已与军参谋长戴季英相爱,两人感情正处弥笃之时。妈妈接着说:"红军打仗总会有战士受伤,战士受伤也需要我们这些看护啊。"听了这话,父亲沉思片刻,挥着马鞭朝前一指,说:"还愣着干嘛,快赶队伍去呀!"就这样,妈妈她们这"七仙女"又加入到红二十五军的长征中了。

烽火恋情

1934 年 12 月，红二十五军在陕南庚家河遭遇了一场恶战，那场恶战从中午一直打到黄昏。在这场恶战中，父亲被一发子弹从左眼下方钻进又从颈后穿出负了重伤。

医生为父亲用药止血后，发现父亲的喉头被血块和痰堵塞住，一时呼吸不畅，医生急得手足无措。这时，心直口快的妈妈说："让我来试试。"于是，妈妈趴在父亲身边，用嘴一口一口吸出了父亲喉头里的血块和痰迹，使父亲转危为安。此后，父亲昏睡了四天四夜，妈妈一直守护在他身边，细致地为父亲擦洗身体，更换衣服，还不时地给父亲嘴里添些温水，终于使父亲起死回生了。在父亲醒来的那一刻，妈妈激动得两眼泪花，一个劲儿地说："醒过来了，醒过来了，首长醒过来了！"好像睡了一大觉的父亲，醒来后见到眼前的妈妈，还奇怪地问："现在几点了？队伍该出发了吧？"妈妈当时没有表，也不知道几点钟，就摇了摇头，随后又生气地说："你只知道出发打仗，不晓得自己差点……你昏睡了四天四夜，真把人急死了！"父亲见妈妈一脸纯真的样子，就轻轻地笑着说："我可没着急啊，这不是睡了一个好觉吗？"妈妈知道父亲受伤的是危险部位，就用手势止住了父亲说话，她担心伤了父亲的脑神经。可是，一心挂念队伍的父亲，却不管自己伤得如何，就喃喃地说："你去把政委找来。"妈妈说："政委早说了，只要你安心养伤，不……"没等妈妈把话讲完，父亲就打断她的话茬儿，问："你是共产党员吗？"妈妈一时不明白父亲问话的含义，大睁着眼睛回答："是啊。"于是，父亲虎着脸说："快去，把政委请来。误了军情大事，是要开除党籍的。"其实，妈妈也明白军情事关重大，她也正要向政委报告父亲的伤情，就急忙跑向政委吴焕先的住处去了。

吴焕先政委等人和父亲商议军情后，妈妈就送吴政委等人走到了门外，吴政委回头交代她一定要好好看护父亲，劝父亲安心养伤。妈妈说："徐首长脾气犟，整天躺着他忍不住，不仅不听医生看护的话，反过来医生看护还得听他的。"吴政委说："那可不行，伤病员哪能不听医生看护的呢？"随后，吴政委又笑着对妈妈说："我把他交给你了，你得好好地管着他，以后我还要给你们做媒呢！"周围的人听了，都哈哈大笑起来，笑得妈妈只好红着脸低下了头。妈妈知道吴焕先政委平时很少和女同志说笑，那天他虽然说的可能是开玩笑，但还是让妈妈感到很不好意思。

在父亲受伤的两个多月里，妈妈按照吴政委的安排，对父亲照顾得非常细致周全，也摸透了父亲的老虎脾气。长期卧病让父亲心情时好时坏，心情不好的时候，医生和警卫员都怕挨骂，都躲着不敢见父亲，可妈妈却用女性的温顺，让父亲渐渐平息了火气，也听从了她的安排。不过，在葛牌镇的一场遭遇战中，父亲又发起了虎脾气，因为警卫员听到枪声就急忙要扶父亲上担架，还拦着父亲不让他到指挥所去，父亲急得大喝一声："走开！"见到这种情况，妈妈就比较了解父亲的脾气，她向警卫员使个眼色，一起扶着父亲爬上后山的指挥所。激战胜利结束，红二十五军再次转危为安。晚上，父亲和战士们一起围坐在火盆旁边烤火，想起白天妈妈和警卫员扶他爬山的情景，又笑着说："今天多亏你们俩帮着我，要不那么高的山，那么大的雪，我可真爬不上去哟！"警卫员说："要不是周看护提醒我，我拉你上担架还来不及呢！"父亲笑了，说："你呀，什么也不懂！还是小周懂事。你想想，敌人都打到家门口了，我还能当孬种躺担架，只顾自己逃命？"警卫员回答说："首长，你不是伤员嘛！"徐海东严肃而爽朗地笑了起来，说："我这人就是打仗的命，一打仗病就好，伤口也不痛了。"笑声未落，父亲又痛得

"哎哟"一声，说："你看，你看，这会伤口又痛了，真他娘的……"望着父亲大笑时露出两个酒窝，大家都哈哈大笑起来。

应该说，妈妈是在护理父亲的过程中，渐渐熟悉喜欢上父亲的，父亲这只战场上的大老虎，也在妈妈面前变得温顺多了。他们俩虽然彼此爱慕，可一直都没能表露过，直到妈妈完成护理任务准备回军医院时，她还郑重地问父亲："首长，对我的工作可有什么意见吗？"父亲却憨厚地说："谢谢了，小周，下次我负伤还叫你来。"妈妈一听就急了，说："净说不吉利的话，你可不能再负伤了呀。我……"父亲则认真地说："那可难说，军人就得随时准备流血负伤嘛！"忽然，父亲又说："你问我有什么意见，我只提一条。"妈妈问："什么？"父亲说："我觉得你的名字不好听，什么兰呀花的，不像个红军战士的名字。"妈妈笑盈盈地望着父亲，低声说："这个名字，我也不喜欢，以后改个名字就是了。"

1935 年，父亲率领红二十五军到陕北与刘志丹会师后，就和妈妈结了婚。再后来，妈妈到延安要进党校学习，我堂哥徐文初提议妈妈改名周东屏，意思是作为父亲徐海东的生命屏障，既保佑父亲今后安康，又保佑徐家后人平安。

夏明翰红珠赠爱妻

孙东升

20 世纪 50 年代初期的一天，在汉阳城外长江边的鹦鹉洲上，一位身着朴素的中年妇女默默来到夏明翰烈士的墓前，恭敬地献上一束鲜花，深深地三鞠躬，以表达对烈士的怀念之情。

她还赋诗一首：

> 闻君就义汉江城，慷慨高歌"主义真"。
> 气吞山河遗篇在，血溅沙洲浩气存。
> 白骨推波卷巨浪，丹心永照"后来人"。
> 喜见今朝乾坤赤，英魂含笑看朝晖。

她是谁？

她就是夏明翰烈士的夫人和战友郑家钧女士。她是专程前来武汉凭吊烈士忠魂的。

冲出樊篱，与封建家庭决裂

提起夏明翰，人们自然会想到他那首被著名诗人萧三称为"最好的一首革命诗"，后来被编入大型歌舞史诗《东方红》的就义诗："砍头不要紧，只要主义真。杀了夏明翰，还有后来人。"

是的，诗如其人，这首诗一字千金，字字带血，笔笔是心，完全是夏明翰崇高的思想品格和纯洁党性的写照。

夏明翰是湖南衡阳人，1900 年生于父亲任职的湖北秭归县。12 岁回到故乡衡阳。他幼年丧父，在能文善诗的母亲抚育下长大成人。他有一个封建的大家庭，祖父夏时济老朽顽固，辛亥革命后一直留着一条长长的辫子。在众多的子孙中，夏时济独独看上了夏明翰，希望日后由他实现自己重耀门庭的遗愿。然而，受母亲开明思想的影响，夏明翰很小就体贴劳动人民，痛恨封建家庭。他曾经把大人给的压岁钱统统给了一位面黄肌瘦的女乞丐，也曾经十分同情被家人赶走的一位老轿夫。他目睹封建的不平等，渐渐在心中萌生了革命的火种。

1918 年 4 月，正在湖南省立第三甲种工业学校机械科读书的夏明翰与蒋先云等进步学生一道，来到湘江边的沙洲上，迎着清冷的江风，成立了革命团体"砂子会"。夏明翰解释说，取名"砂子会"，就是要像砂子一样凝结成团，同官僚、军阀斗争，同欺负我们的洋人斗争，创造一个理想的社会。

不久，在五四运动的影响下，夏明翰始终站在爱国运动的潮头，起草罢课宣言，讲演国耻历史，散发传单，游行集会，扮演新剧……在各校学生代表的推举下，他担任了湘南学生联合会的总干事。这年夏天，在衡阳石鼓书院讲演时，夏明翰站在石鼓旁边，慷慨激昂地历数帝国主义和封建军阀的种种罪恶，说到激动处，他紧攥拳头，猛击石鼓，手背的鲜血顿时四溅："我们的江山岂能划归外人！"

他指着身旁的石鼓说："这不是石鼓，这是英雄的战鼓，我们要敲响这震天动地的战鼓，跃马扬鞭，勇敢冲杀！"

反帝反封建是"五四"时期革命斗争的主题。在衡阳学生发动的抵制日货的斗争中，夏明翰一马当先，带领大家火烧太和祥的日货，大快人心。接着，夏明翰又从自己家的夹墙里搜出祖父藏匿的日货——洋鞋、洋伞、洋缎、花绸等，抛了一地，一把火全部烧光。气得老祖父浑身颤抖。夏明翰被关进了夏府私设的牢房。

牢笼关不住革命者的心。在弟妹们的帮助下，夏明翰终于在一个月色暗淡的夜晚，跳窗摸到后院，用斧头砍断了象征家庭富贵吉祥的桂树，冲出了家庭的樊篱，走上了彻底革命者的道路。

在革命的洪流中成长

1920 年秋，岳麓枫红，湘江水碧。

夏明翰带着彻底与封建家庭决裂的喜悦，来到湖南省革命活动的中心长沙，投入了火热的革命斗争实践中。

在何叔衡的帮助下，夏明翰来到文化书社工作，与毛泽东、方维夏等开展革命活动。他在文化书社看了许多介绍新思想、新文化的读物，又重点阅读了《共产党宣言》《共产主义 ABC》等宣传马列主义的小册子。

一年以后，中共一大召开，夏明翰来到毛泽东创办的湖南自修大学学习。1921 年冬，在何叔衡、毛泽东的介绍下，夏明翰光荣地加入了中国共产党。他说："我只有一个想法，参加共产党，就要为实现党的纲领而奋斗，为中国四万万同胞和全世界人民造福。"

按照党的安排，夏明翰担任了湖南自修大学补习学校的教务主任。

1922 年 10 月，他又受党的委派，领导长沙人力车工人进行罢工斗争。他身穿粗布衣衫，脚蹬笋壳草鞋，深入工人当中，同他们一同坐茶馆、拖车子，主持开办人力车工人夜校，积极进行宣传和组织工作，终于取得了罢工斗争的胜利。

夏明翰边学习、边工作，积极投入了革命的洪流中。1926 年冬，在湖南省委召开的一次关于农民协会和农民运动问题的会上，夏明翰提出农民要有武装，要用武装来保卫已经取得的胜利果实。当反对者问用什么去武装时，夏明翰坚定地说："用梭镖武装！"

"什么梭镖？"反对者又问。

"长柄、单尖、两刃刀。"

"好啊，夏明翰，看来，你是个'梭镖主义'者。"

夏明翰气愤地说："'梭镖主义'怎么啦？'梭镖主义'就是好！农民用梭镖能打垮北洋军阀，同样也能击败封建地主武装！有了今日的梭镖，才能赢得明日的大炮！"

从此，"梭镖主义"就传开了。"梭镖主义者"成了夏明翰的代号。

秋收起义后，夏明翰受命担任平（江）浏（阳）特委书记，组织了著名的"扑城"运动。"扑城"遭到失败，夏明翰受到通缉。一次在下乡检查工作时，被一群清乡团认了出来，遭到穷追猛堵。在百般危急之时，夏明翰躲进了一户贫苦的农民家，被这家的一位老奶奶藏到小菜园的瓜棚下，才躲过了这场追捕。

相识相爱，与郑家钧永结同心

1925 年秋，通过同事熊瑾玎的介绍，夏明翰与郑家钧相识了。

郑家钧是湖南长沙县郑家町人。她出身贫苦，没有文化，但却学会了一套高超的针线活和绣花手艺，是长沙湘绣厂的女工，她性情温和，刚直不阿。在表哥熊瑾玎的引导下，思想倾向于进步，向往革命道路。

共同的革命理想，使两颗年轻的心跳动在了一起。从相识到相爱，他们的感情堪称楷模。每当夏明翰提起郑家钧时，总是说："家钧好，家钧好。"家钧也常说："明翰顶强的。"

1926 年农历九月初四，夏明翰和郑家钧结婚了。

在长沙清永塘四号的洞房内，陈设简单朴素，却充满了温馨。这天，好友何叔衡、李维汉、谢觉哉、郭亮、易礼容、龚饮冰等都来贺喜。他们有的送钢笔架、墨盒，有的送小壶，有的送金鱼缸，还贴上了大红喜字。大家赠给他们一副对联，上联是"世上唯有家钧好"，下联是"天下谁比明翰强"。

陋室内，一会儿唱起了长沙民歌，一会儿响起了衡阳小调……尤其是这副对联，给大家闹新房增加了欢乐，也给这对患难夫妻以无限温暖和鼓励。

郑家钧聪慧善良，虽没有上过学，但却勤学好问，乐于接受新事物。1927 年春节前夕，夏明翰夫妇搬到望麓园一号，与毛泽东、杨开慧夫妇住在一个院子里。杨开慧和郑家钧相处很好，常常教给她一些歌曲。这天，郑家钧望着通红的炉火，等着丈夫归家的当儿，唱起了刚刚学会的歌谣："金花籽，开红花，一开开到穷人家。穷人家，要翻身，世道才像话。今天望，明天望，只望老天出太阳；太阳一出照四方，大家喜洋洋。太阳一出照四方，大家喜洋洋……"

那美妙的旋律，恰好被刚刚进门的夏明翰听到了。听说是杨开慧教的，夏明翰夸奖说："你唱得好，嗓子好，记忆力也强，一字未错。以后我们挤时间，好好帮你学文化。"

此后，在夏明翰的耐心帮助下，郑家钧刻苦攻读，从最基本的学起，不断提高文化水平，到后来能跟着夏明翰学习作诗填词，写对联，还通读了一遍《唐诗别裁》和《白香词谱》。通过夏明翰的耐心讲解，郑家钧不但学到了很多知识，还受到了深刻的革命教育，文化水平和思想觉悟都得到很大提高。

1927年"四·一二"反革命政变以后，白色恐怖越来越严重。在艰难困苦的逆境中，郑家钧陪伴丈夫坐机关，会朋友，传送紧急文件和书信，有时还要扮作名门之女、高贵太太，巧与敌人周旋。不久，他们有了可爱的女儿小赤云。郑家钧又得担负起抚育女儿的责任。

是年10月，国民党四处张贴布告，通缉夏明翰。在此前后，夏明翰相继失去了四位亲人：五弟夏明震组织武装暴动，被国民党反动派杀害于耒阳；七弟夏明霹带几个共产党员和游击队员，在衡阳金甲岭的一个山窝里制造炮弹，被敌人逮捕枪杀；四妹夏明衡在衡山农村发动妇女闹革命，被敌人追捕到一口大塘边投水身亡；外甥邬一之投奔革命，壮烈牺牲。在严峻的考验面前，夏明翰没有被吓倒，而是化作了满腔仇恨。他在一份报纸上写道：

> 越杀越胆大，杀绝也不怕，
>
> 不斩蒋贼头，何以谢天下。

郑重赠红珠　赤诚表丹心

夏明翰的家搬到了长沙落星田灵官巷十号。

国民党反动派四处缉拿夏明翰。明翰毫无惧色，照常来往于长沙、平江一带，坚持地下斗争。郑家钧一边精心抚育孩子，一边为丈夫的安全担惊受怕。一天，她流着泪恳求道：

"明翰，你还是躲一躲吧。"

夏明翰笑道："成天躲着，革命能成功吗？"

"你……看看自己,只剩下几根骨头了!"

明翰安慰妻子:"我早已把这几根骨头交给党了。"

一天晚上,夏明翰从街上回来,举着一个纸包,进门就喊:"家钧,我给你买了一件好东西。"

家钧迎上前去,问:"什么好东西?"

"你猜猜。"

家钧左猜右猜,没有猜着。明翰打开纸包,亮出一颗闪闪发光的红珠。

家钧不解其意,明翰解释说:我并不是要你拿去镶戒指,而是给你作个纪念。说着,展开一张纸,递给了爱妻。家钧接过一看,见上面写着两句诗:

我赠红珠如赠心,但愿君心似我心。

她情不自禁地念着,激动地把握红珠的手轻轻地搁在明翰的手心里,无限深情地注视着丈夫……

第二天,夏明翰又奔赴上海开会。临行前,家钧把自己绣花赚的几个钱塞进丈夫的衣兜里,叮嘱他一定要自己买套衣服。明翰深情地吻了吻妻子,坚定地上了路。

风雪之夜的诀别

一个风雪交加的夜晚,夏明翰从平江、浏阳赶了回来。他已经接到了通知,鉴于长沙的敌人追捕正严,叛徒、特务到处跟踪,组织上决定派他到湖北省委工作。这次回来,是特地来跟妻子、女儿告别的。

明翰本想叫妻子、女儿跟他一道去武汉,但家钧没有丝毫思想准备，又怕带着只有两个月的女儿反倒成了丈夫的累赘，便不准备去了。明翰觉得也有道理，就说：

"也好，你母女多保重，待形势好转，我再来接你们。"

他们又一次面临痛苦的离别。

1928年初，寒凝大地，空气沉闷。夏明翰装扮成小商人，来到武汉担任湖北省委委员。经过许多艰难曲折，终于找到了已转入地下的省委机关，与新任省委书记郭亮见了面。在将中央代表李维汉安全送出武汉后，迫于形势，夏明翰由湖南商号秘密转移到东方旅社居住。得知汉口总工会书记黄五一被捕牺牲的消息，夏明翰十分震惊，正准备转移住处，却被已叛变的交通员宋若林出卖了。

夏明翰被捕了。

在敌人的监狱里，夏明翰毫无惧色，一次次拒绝了敌人的威逼利诱，抱定了一颗必死的决心，敌人劝他三思而行，他放声大笑，说："为共产主义奋斗终生，我已不是三思而行，而是百思已定。我们共产党人热爱国家民族，热爱劳苦工农，当然也热爱自己的亲人，爱自己的妻子儿女。但是，为了劳苦大众的解放，为了使我们的后代能过上幸福的生活，我们随时准备牺牲自己的生命。"

在阴暗潮湿的牢房里，夏明翰身上戴着脚镣手铐，被敌人严酷的刑罚折磨得遍体鳞伤，血肉模糊，一次次昏死过去。他渐渐苏醒了，微微睁开眼睛，凝视着窗外的一线曙光。

随后，他的目光停在了墙角，那里有敌人丢给他写自首书的纸和笔。他知道自己剩下的时间不多了，他有多少话要对亲人倾吐、要对战友诉说！他多么憧憬光明而灿烂的未来！可是为了真理，自己绝不能向强敌屈服，绝不能放弃自己的信仰而苟且偷生！想到这里，夏明翰抑制不住激动的心情，缓缓地爬了过去。他忍着剧痛，用颤抖的右手，拿起半截铅笔，向亲人、战友写下了最后的三封信。其中，第二封信就是写给他的战友和夫人郑家钧的。

这封信是这样写的：

"亲爱的夫人钧：同志们曾说世上唯有家钧好，今日里才觉你是帼国贤。我一生无愁无泪无私念，你切莫悲悲凄凄泪涟涟。张眼望，这人世，几家夫妻偕老有百年。抛头颅，洒热血，明翰早已视等闲。'各取所需'终有日，革命事业代代传，红珠留着相思念，赤云孤苦望成全。坚持革命继吾志，誓将真理传人寰！"

夏明翰不幸壮烈牺牲后，难友们把这封信连同他写给母亲和大姐的另两封遗书秘密地转出牢房。后历经曲折，传到了亲人们的手中，最终转到夏明翰的一个外甥女家中，连同那外甥女婿用巨款从敌人手中买回的烈士写的就义诗遗墨，保存了整整 15 年。1943 年，被国民党查获烧毁了。这些用血泪写成的文字，虽然没有保留下来，但它却永远激励后人为光明前途而奋斗着。

我之恋爱观

——彭雪枫给未婚妻的信①

楠：

"决心是果断的具体表现。"我俩应为我们的前途庆幸！方式虽由于"介绍"，然而"爱"乃是由同志关系、政治条件、工作利益、双方前途，特别是性格与品质、相互印象诸复杂因素而自然促成的，而逐渐浓厚起来的，尤其是在击破困难排除波折之过程中而更会浓厚起来的！倘若"轻易"而成，当不会事后回味之深长吧？比如我们的事业，要不经过艰难缔造的奋斗过程，那么巩固和壮大的程度当不如我们所愿望的那样伟大吧。当然，一种小资产阶级的恋爱观，是另一种——花前月下卿卿我我，这究竟是小资产阶级的呀！无产阶级先锋队则不然，这首先建立在政治上、工作上、性情上和品格上，自然同样也有花前月下，然而已不再是卿卿我我了，而是花前谈心，月下互勉，为了工作，为了事业，为了双方的前途！你同意我的话吗？我想同意的吧？因为你已经在做着了。

我郑重提出：双方对对方的希望上，千万不要"过奢"，尤其是在今天，在初恋，在恋爱定局之初期。俗话说：情人眼里出西施。一般人

① 此信是彭雪枫 1941 年写给未婚妻林颖同志的。"楠"是对林颖的昵称。

对他的爱人，是不容易看到缺点的，所以在起初，感情无限好，但日久天长，弱点逐渐暴露，情感就会淡了。因为这里头没有辩证地观察问题，更没有辩证地认识问题，当然也不会有正确的方法去解决问题了。人都有其优良的一面和缺陷的一面的。两面相照，发展其优良的一面，同时又要扬弃其缺陷的一面，主要靠自己，同时靠他人。只要对方在基本上是可爱的，是值得可爱的，那就够了。把工夫用在相互帮助相互教育相互鼓励上，这是我党对待同志的态度，也是恋爱双方互相对待的态度。倘若能够这样，则双方情感不仅不会越来越淡，相反必会越来越浓，以至白头偕老的。古人说："君子之交淡如水"，然后才能永才能长。夫妇相敬如宾，然后也才能永才能长！这里头包含着"哲理"的，你品品它的滋味。

在上述基本观点和基本态度之下，我们相爱了，这种爱才是最正当最伟大最神圣的！同时也必能是最坚持最永久的！

所以，你对我的认识和了解，我知道乃是基于政治党性品格，而不是什么地位，地位算什么东西呢？同时，要求你，你必须还要了解我的另一面，急躁、激动、工作方式方法上之不够老练，对人对物有时过于尖锐，使人难堪，对干部有时态度过于严肃，加上某些场合下的不耐烦，使人拘束，涵养不到家。这一切都是我自己实行自我批判自我斗争，而同时请求你在更接近更了解的情况下帮助我去纠正的。对于你，聪明、豪爽、忠诚、多情、不怕危险困难而忠于党，这是好的一面，优良的一面，可是在另外的一面，高傲、虚荣心——像你所说的，再加上还欠切实，正是你的缺点，却需要你来努力克服的，倘若有了彻底认识，克服虽然必须一个过程，相信是会收到完满成果的。

我希望你的（虽然你已经在做着）是：

一、加强自己思想意识上的锻炼。你的家庭生活环境熏陶着你，带来了非无产阶级的某些意识。在党对你不断的教育中，特别是在敌后两年烽火的斗争中已经锻炼得使你更坚强起来了，然而进步是无止境的，还需要加倍努力！最近党中央关于增强党性的指示，是我党自有历史以来最有意义最有教育价值的文献之一，你必熟读，妥为笔记，而主要还依靠于左右同志们的相互坦白检讨。区党委会有具体指示，如何去检讨的，特别应当参考着洛甫的《论待人接物》那篇文章，胡服同志《论共产党员修养》小册子，这对于我辈为人为党员为一个革命家，有着决定的作用的。

二、留心政治，养成对政治的浓厚兴趣，一切应由政治观点上去观察问题。政治是任何一种工作职业的同志所必须具备的，理论修养之外，尤须注意政治形势，根据形势布置工作，分析形势推动形势改变形势，要多多地经常地在这方面用心下功夫啊！报纸电讯不应该放过一个字，一条新闻不能单纯看作一件新闻，而应分析它的实质。先从近处做起，渐而至于国际形势，抱定志向，做一个最实际的政治工作者，有修养的政治工作者。

三、待人接物上，不要过于锋芒外露，大方之中含有腼腆。我始终没有忘记过一次毛主席在我外出进行统战工作时临别叮嘱的一句话："对人诚恳是不会失败的！"这句话今天拿来送给你，共同勉励吧。我总在惦记着×和×，特别是×，你今后对他的态度应该格外慎重，保持着同志的友谊，丝毫不显出所谓"裂痕"，使对方自觉地了解这是不得已的不得已，没有法子的事呀！应当不要忘记对他的安慰。同时又必须估计到，他是不会马上对你完全谅解的，……你必须格外冷静，特别持重，不动声色，若无事然。……注意我们的态度，我们的言语，我们的待人接物。更谦逊些，更诚恳些，更大方些，更刻苦努力些！

四、工作，越下层越好锻炼，越深入越能具体了解，也就越能正确解决问题，越能建立信仰。女子生下来长大了是革命的是工作的是为大众谋利益的，而不是为的什么单纯性的问题。女子应有其独立的人格，更应有其培养独立人格的场合和环境。即便结婚了之后，我还是主张你应有你的独立的工作环境，我无权干涉你，也不会干涉你。

五、你写得很好，你应该努力学习写作，记日记，写文章，把材料系统地组织起来写在纸上，这就是文章。要具体材料，不要空洞说理。要提高文化水平，要加强理论修养。你还年轻，我希望你工作之外，又是作家，必会有一天，你是一个帮助写作有力助手！

亲爱的同志！一切美满的愿望，都是建立在政治、理智、情感、热心努力、互助互谅之上的！

保重你的身体！

枫

9 月 14 日

编后语

恋爱、婚姻，对刚刚走向生活，对未来充满美好憧憬的青年朋友是一件大事。找到一个称心的伴侣，会使您感到生活是那么美好，会给您增添无穷的力量和勇气；婚姻不美满，会影响您的一生。怎样才能处理好这个问题呢？

彭雪枫同志生前是新四军四师师长兼政委，他在这封给未婚妻林颖同志的信中，提出了处理恋爱婚姻问题的几个原则：（1）选择爱人的条件不应是钱财、地位等身外之物，"爱乃是由同志关系、政治条件、工作利益、双方前途，特别是性格与品质、相互印象诸复杂因素而自然促成的"。（2）对对方不要希望"过奢"，"只要对方在基本上是可爱的，是值得可爱的，那就够了。要把工夫用在相互帮助相互教育相互鼓励上"，这样感情才会越来越深。如果希望"过瘾"了，就可能开始时热情如火，一旦发现对方缺点又冷淡下来，这对对方是一种伤害。（3）恋人们不应沉溺于花前月下，卿卿我我之中，而应当是"花前谈心，月下互勉，为了工作，为了事业"，否则就会被"爱情"淹没，成为碌碌庸人。（4）很多人的爱人都不是初恋的情人，要学会善待以前的朋友，诚恳、大方，保持同志友谊。（5）结婚之后仍要保持自己独立的人格，独立的工作环境，不依附于对方，也不干涉对方。

当然，这封信给我们的教益远不止这几点，我们只就恋爱婚姻问题作了概括。青年朋友，您的恋爱观是怎样的？您在考虑终身大事的时候把这几个问题放在什么位置？诚挚地希望您能树立正确的恋爱观，交一个关心您成长进步的朋友，建立一个美满和谐使您向上的家庭。

我与萧三：异国爱侣之永恋

叶　华

一

我和萧三于 1934 年相逢，距今已有 60 多年的异国爱侣生涯了。

那是 1934 年 10 月底，我作为一个德国的旅游者前往苏联。在那黑海之滨的苏联作家疗养院所在地加格里的一天午餐时，与我同桌的是一位看上去十分年轻的很可亲的中国人，他就是 38 岁的诗人和作家萧三。我们一见钟情。几天后的 11 月 8 日是我 23 岁生日，一大束深红色的玫瑰花就是他那深情的爱情表白，它决定了我以后的命运。

萧三是中国共产党人，青年时代跟毛泽东很要好，并且跟随毛走上了革命的道路。我们相逢时他已是参加革命 20 多年的成熟的革命者。而我是搞摄影的，那时已故的双亲是德国犹太血统的知识分子。政治上我还是一张白纸。就这样从此漂进了萧三的生活中。

婚后我们生活在莫斯科。萧三负责编辑中文版的《国际文学》杂志。从他笔下流出来的是爱国者的心血。他不停地创作诗歌、散文，发表各种宣传中国革命的文章。他歌颂中国革命，介绍毛泽东、朱德和其他革命领导人，宣传中国革命斗争中涌现出来的中华英雄儿女。他到处做这样的报告和演讲。中国人民斗争的方方面面是他永恒的主题。

我很快就学会讲俄语，它成了我们终生的共同语言。他待人亲切、体贴，善于关心人。他让我分享他的生活：向我讲述他在各地的见闻和报告的内容，给我朗读他的新作或让我阅读他俄文版的所有作品。后来，我就用打字机誊清他的手稿。那时，我们主要以他的自由写作为生，有时我还为外文出版社、国际旅行社或电台搞一点摄影，以添补家用。

我们的生活很幸福，然而萧三怀土之情难熬。他急切希望同他的同胞和同志一起，去直接参加保卫祖国的抗日斗争。"我必须回国，和自己人在一起。在这里，我的笔也干枯，它需要新鲜的血液。"他经常向我这样抱怨。1937 年在中共推动下，国共两党结成抗日统一战线。1939 年 3 月，萧三终于如愿以偿，回到中国革命的中心——延安。

二

在延安，萧三如鱼得水。起初他在鲁艺，而后调到文化俱乐部工作。当 1940 年 10 月我带着两岁的儿子立昂到达延安时，我们的住处和俱乐部都是在挖入黄土山坡的窑洞里。在俱乐部里萧三经常组织报告会、各种文艺活动小组以及许多其他活动。俱乐部窑洞前广场上举行的周末舞会，毛泽东、朱德及其他中共领导人也时常来参加。

萧三还负责审核《大众文艺》和《中国导报》。《中国导报》向外国介绍解放区的生活。萧三的笔不再干枯了，他可以尽情地描写他亲眼看到和亲身经历的一切了。同时，他从苏联也带回一些新鲜的想法。他向自己的人民介绍苏联作家：高尔基、马雅科夫斯基、托尔斯泰；翻译马雅科夫斯基和普希金的诗篇以及列宁论文学和艺术的文章。由萧三翻译的德国共产党人沃尔夫和乌克兰作家柯涅楚克的剧作排成话剧，丰富了延安的舞台。

在延安期间，萧三经常同毛泽东谈话，有时我也在场。萧三不时做记录，因为他计划写毛泽东的传记。尽管我不能用中文同毛泽东交谈，但他对我非常友好。当时我根本没有意识到，坐在桌旁的是 20 世纪最伟大的人物之一。通过萧三我还认识了中国革命的其他领导人，如周恩来、朱德、贺龙等。萧三参加大量的政治活动，和我在一起的时间比在苏联少多了。在延安我已无法参与他多方面的事业，因为在这里用的全是中文。尽管如此，我可以聊以自慰的是，我在 1941 年 12 月生下了第二个儿子维佳。1943 年 11 月底，我带着两个孩子离开了延安。我和萧三都希望这是一次短期的分别，不料一别就是五年半。

三

1949 年春，萧三随同人民解放军进北京。这些年来，我们彼此都杳无音信。那年 4 月，萧三率第一个和平代表团飞抵莫斯科。我们终于重逢，默默无言地拥抱在一起。我们意识到，我们再也不会分离了。萧三第二次来莫斯科参加纪念普希金活动后，把我和孩子带回北京。1949 年 10 月 1 日，当毛泽东在天安门城楼上宣布中华人民共和国成立时，陪同苏联代表团的萧三也站在广场观礼台上。

我们住在北京。当时萧三是中苏友协副主席（主席是宋庆龄）。1950 年 11 月世界和平理事会成立，当时总部设在布拉格。萧三被推荐为该会的中方常务理事。不久我们举家前往布拉格。从此，我随萧三共同为保卫世界和平、增进各国人民之间的友谊而奋斗。萧三用他的国际活动和诗文，我用的是摄影机。萧三的工作非常出色。他很有吸引力和号召力。他善于同国际友人相处，因此能赢得许多人的友情和支持。由于健康原因，萧三不得不于 1953 年 7 月回到北京。

回到北京后，萧三担任中国作家协会书记处书记和作协外国文学委员会主任等职。我则继续 1950 年以来在新华通讯社的摄影记者工作。我认识并爱上了中国和中国人民，中国成了我的故乡。

萧三十分繁忙的工作中，接待世界各国访华的作家也是一项。他们中不少人是我们在世界和平理事会从事和平运动的朋友，因此我们在自己的家也经常兴高采烈地接待他们。萧三仍继续到世界各地参加国际会议。

从 1949 年起，我们一起经历了中国社会生活的一切，同中国人民同甘苦、共命运。

我们在一起的生活非常幸福。我们既有共同的朋友，也有各自的朋友。孩子们都上学。直到"文化大革命"前，我们的家庭生活十分和谐。"文革"中，我们分别被单独监禁。与世隔绝七年零三个月之后，我俩又坚定而乐观地度过了五年之久的家中软禁。我们坚信，真理必胜。结果是，我们是正确的：1979 年我们终于获得彻底的平反。

四

平反后，我们在一座现代化的高楼第 14 层分到了一套新居。我们领回了所有被抄走的物品以及萧三停发了 12 年的工资。萧三被恢复党籍，并恢复了一切荣誉。我回到新华社，享受专家待遇。无限遗憾的是，萧三的健康状况日益恶化。即使面对死亡，萧三仍然坚持说："我不会死，我要写完我的回忆录。"1983 年 2 月 4 日，死亡还是使他离开了这一未完成的工作。尽管所有的人早已知道救治无望，但他的去世，对我仍是一个巨大的打击。

　　萧三生性沉默寡言，但又很喜欢社交。他自己的日常需求是很小的，而对他人——不论是老朋友，还是素不相识的灾民——却乐善好施。时至今日，我对他的逝世仍余痛未消。在我心里，我时常独自和他说话，向他讲述他生前没来得及说完的和现在为他所做的一切。我好像总是力图使他在人世间"复活"——在我的影展中、在我的摄影画册以及我的回忆录《中国——我的梦、我的爱》中，在讨论该书的座谈会及在记者招待会上和同外国旅游团的谈话中。同时，我继承着他的事业——为中国和中国人民争取各国的友情和支持。

林耘：异国婚恋演绎的坎坷人生

朱晓嘉

1984 年春天，我的二叔林耘来北京，找中央有关部门进一步落实政策，认可他参加革命工作的工龄和革命干部身份；要求办理离休干部手续及晚年的安置等一系列问题。

因我所在的工作部门和中央组织部同在一个大楼办公，二叔请我帮忙——出面与中央组织部某某局牵线搭桥，解决他落实政策的问题。

在帮助他申诉的日子里，我与他多次交谈，逐渐了解到他的过去及坎坷遭遇。

确切地说，二叔是我家先生的二叔，是我公公史风的亲弟弟，因排行老二，晚辈通称他为"二叔"或"二伯"。二叔原名吴世源，字德明，1922 年出生，毕业于浙江杭州高级中学。1938 年 1 月，经邵荃麟介绍参加革命，1939 年 12 月，参加新四军江北游击纵队，化名史工。抗日战争时期，在新四军二师和七师部队从事文艺和新闻工作，是个小有名气的才子，林耘是其笔名。解放战争期间，他调任淮阴新华社华东总分社任采访科科长和上海新华社记者，后撤退到东北解放区，任东北文协《东北文艺月刊》编辑。

1948 年，林耘被组织上保送到吉林东北大学文学系俄文专业学习。其间，结识了美丽的俄罗斯女子毕萨列夫斯卡娅·康斯坦金耶芙娜·莉奇娅（爱称莉加）。异国青年男女在交往中迸发出爱情的火花。热恋中的林耘向组织上提出与莉加结婚的申请，党组织负责人没有同意。时任福州军区文化部副部长的公公史风耳闻此事，以长兄的身份极力劝阻其"急刹车"，林耘却坚持己见。面对党组织负责人下达的"你是要党籍还是要婚姻"的最后通牒，倔强的他依然我行我素，最终以丢失自己最宝贵的政治生命——中共党员党籍的沉重代价，换来了他梦寐以求的幸福婚姻。

我听到这段回顾时忍不住问二叔："你觉得这样做值得吗？"

"不能用值还是不值来判断，我在婚姻观上崇尚的是匈牙利著名诗人裴多菲的'生命诚可贵，爱情价更高'。"二叔回答。

"那你脱离党的队伍后，还坚持共产党人的信仰吗？"

"我自始至终坚持共产党人的理想、信念，自认为尽管不在组织内，自己仍是一个坚定的党外布尔什维克。""我天性追求自由，坚守'若为自由故，二者皆可抛！'"

在当时的环境下，林耘张扬个性和追求自由婚姻的执着显得十分"个色"，在常人看来简直是"不识时务"，这就注定了他的多舛人生。

1949 年 11 月，林耘翻译出版了俄国诗人普希金的长诗《青铜骑士》等作品，在文坛崭露头角。全国戏剧家协会的领导爱才心切，1953 年秋，林耘夫妇调入北京，在全国剧协《剧本》月刊社任编辑，从事外国戏剧编译工作。1953 年到 1959 年，林耘进入了外国戏剧、小说、诗歌编译创作的丰收季节，共译著了 30 余部作品，著名的有《尤利斯·伏契克》，1953 年 10 月译著，在《剧本》月刊先行发表。1953 年秋，该剧出中国青年艺术剧院搬上话剧舞台，李默然担纲主演，在全国引起很大反响。

还有在苏联获得好评的剧本《春洪》，反映苏联党组织内为保障正直党员权利而斗争的剧本《个人事件》，曾荣获列宁文学艺术奖金的列宁三部曲《悲壮的颂歌》，根据苏联同名小说改编成剧本的有《青年近卫军》《真正的人》《时间呀，前进!》，翻译出版小说《失去了的祖国》（拉齐斯著），苏联童话集《黑天鹅》，苏联著名诗人西蒙诺夫诗集《友与敌》，等等。其中多部戏剧作品被人艺、青艺、总政文工团、铁路文工团等搬上话剧舞台。鉴于林耘在文学艺术上的造诣和突出业绩，他被吸收为中国戏剧家协会会员。这期间，林耘夫人莉加在中国青年出版社从事俄文编译工作。

1956 年，林耘夫妇的爱情结晶——玛莉沃契卡（爱称玛林娜）来到人世。初为人父的林耘沉浸在家庭幸福和事业丰收的喜悦之中。他让我看了随身携带了多年的合家欢照片：一位温文儒雅面带笑容的青年男子簇拥着漂亮的俄罗斯少妇，膝下依偎着有天使般可爱面孔的爱女。

1959 年反右倾，爱放炮的林耘被认定有"右倾"思想。中国戏剧家协会决定将林耘下放到扬州。此时，恰逢苏联动员苏侨回国，35 岁以下可以报考大学。于是，林耘向中国剧协领导提出了携眷属去苏联探亲及自费采风的请求。经组织批准，林耘办理了停薪留职五年的手续和有效期五年的因私出国护照。这年秋天，他携爱妻幼女赴苏。

在苏联期间，林耘曾前往中亚、高加索等加盟共和国进行文学采风，创作了《苹果之父》《清泉》《呵·天山》《友谊的交流》《在塔什干》《在黑海海滨的日子》等诗歌。1960 年，中苏两党分歧逐步公开化，林耘关注着这场斗争，创作了《跟着列宁，无愧炎黄》的诗歌，表明了自己身为党外布尔什维克的立场。

1962 年，中苏两党开始论战，中共中央陆续发表了表明反修立场的"九评"文章，林耘的布尔什维克之心躁动，数次前往中国驻苏联大使馆索取我党论战小册子《九评》（俄文版、英文版）数十本，经使馆领事部工作人员同意，分送给苏联的作家、诗人、剧作家、翻译家、导演、演员、汉学家、编辑、大学生及亚非留学生阅读。

林耘在莫斯科的行为引起了苏联有关当局的注意。1963 年 4 月 10 日，莫斯科民警局突然扣押了林耘，指责他"做了对苏联国家和人民不友好和不利的事"，威逼他承认"错误"。当夜将林耘关押在莫斯科拘留所。书生气十足的林耘不谙"好汉不吃眼前亏"的人情世故，反而与莫斯科民警局的上校顶牛、争辩、"死不反悔"，并强烈抗议莫斯科民警局无端扣押。这一强硬态度惹恼了民警局，苏方认定，这个中国人态度极其恶劣，必须严惩不贷。不幸的事终于发生了：4 月 11 日上午，莫斯科民警局以"林耘违反外国人在莫斯科治安管理"为由，宣布他为"不受欢迎的人"，下令武装押解驱逐出境。在即将被押上"莫斯科—北京"的国际列车时，林耘提出：允许他携带莫斯科住所存放的行李物件并通知在阿拉木图的妻子，告诉莉加，他已回中国。但是，林耘提出的两项基本人权要求却被莫斯科民警局拒绝了。林耘两手空空地在苏联突然神秘消失了。此时，距离莫斯科数千里之遥、居住在阿拉木图的家人却还蒙在鼓里。

1963 年 4 月 17 日，经过六个不眠之夜的林耘回到了祖国母亲的怀抱，悲愤交加的他盼望能向祖国母亲倾述自己的满腹冤屈，孰料，迎接他的却是莫名其妙的拘留。在长达 70 多天的审查中，林耘始终"矢口否认"加在自己身上的罪名，致使公安厅审讯人员难于找到"突破口"。在审讯无果的情况下，对林耘宣布"无罪释放"。但仍将林耘列入"特务、间谍嫌疑对象"黑名单，取消其回北京的资格，不准返回全国剧协工作。经公安部批准，黑龙江省公安厅将林耘移交浙江省公安厅。林耘被遣返回老家——杭州安置，并由省公安厅"侦查控制"。

林耘先是在整整待业一年的煎熬中度过的。1964 年夏，浙江省公安厅给他"重新安排工作"，林耘到杭州市卖鱼桥百货商店当了一名售货员，月工资从高教七级的 128 元降为商业营业员的 44.50 元，工龄从 1964 年重新计算。

一系列的变故和打击使林耘心理上无法接受。天性倔强的他，在派出所和商店里，仍然是"难以调教、屡教不改"的另类分子。茫茫长夜，备受妻离子散、骨肉分离之苦的他，掏出合家欢照片，对着爱妻和幼女喃喃自语，倾诉"剪不断、理还乱"的思念之情。林耘在爱女玛林娜三岁留影的照片背面写上："唯此一点亲骨肉，宝贝心肝遗域外，隔世难相抱。"

1965 年的一天，他忽然收到从有关渠道转来的苏联司法部门的《通知》，大意是：苏联公民毕萨列夫斯卡娅·康斯坦金耶芙娜·莉奇娅，自 1963 年某月登《寻人启事》，查找中国籍丈夫林耘的下落。现林耘已失踪两年，根据苏联《婚姻法》规定，失踪两年的配偶，判决解除婚姻关系，予以离婚处理。这一《通知》对林耘不啻是毁灭性打击，他痛苦万分。后来，他从苏联回国的熟人那里隐隐约约打听到：他的前妻莉加因生活窘迫，将林耘在苏联购买的"拉达"小轿车卖给林的一位好友，并与这位好友结婚。林耘听此信息，从内心原谅了莉加，理解了她身处困境、迫不得已而为之的离婚举动，但他自己却没有再婚。

1966 年 7 月，杭州市公安局报浙江省公安厅批准，对林耘"劳动教养三年"，押解到浙江省金华十里坪劳改农场。1969 年 7 月劳教期满后，被强制留场就业 10 年。直到 1979 年 2 月，才获释回到杭州。从此，林耘踏上要求平反、落实政策的漫漫长路。噩梦醒来，可遭遇多年的苦难却极大地伤害了他的身体。1980 年底，林耘突患脑血栓，致半身不遂。我当时还年轻，有精力抽空骑着自行车、为他落实"政策"而四处奔波。经过种种努力，他的问题逐渐有了眉目。

1984 年夏，我在中央纪委收发室突然收到从中国剧协转来的一封苏联来信，信封上款用中文歪歪斜斜地写着：北京中国戏剧家协会林耘收。下款是俄文的发信人地址：苏联哈萨克斯坦阿拉木图市夏伯阳街某区某号。我意识到这是林耘前妻的来信。在为他高兴的同时，又觉得有些棘手，因为当时中苏两国关系尚未完全解冻，林耘又处于上访申诉的非常时期。为了不受这封苏联来信的干扰，我决定包办代替他处理此信。一位精通俄文的老前辈翻译了来信全文：

瓦洛佳（林耘的苏联名字）你好！

从那可悲的时候起，已过去 20 多年了。现在我不得已给你写信，如可能的话，请你帮助，如不能，请原谅我给你的打扰。

……现在要领到养老金，必须要有 30 年工龄。我已有 33 年工龄，但问题是我没有 1950 年 9 月至 1959 年 9 月的中国工龄证明。我请求你帮助弄到长春、北京工作单位的证明材料，要求用俄文和中文对照，需盖公章，并经过苏联驻华大使馆给予鉴证。这对于我来说是很重要的，只有你才能帮助我办这件事。其实你住在什么地方，我根本不知道。为了找到你，决定写信给中国戏剧家协会，请他们把信转给你。

……

简略地给你谈谈玛林娜，她已成长为一个漂亮的妇女，有一对大而美丽的眼睛，个子不太高，稍瘦，长长的头发。中学毕业，她获得了金质奖章。考入列宁格勒某学院，在大学期间获得优秀成绩奖状。玛林娜常常问起你，我告诉她，她有一个善良的爸爸，非常爱她。可是为什么不给她写信，这一点我无法说明。现在玛林娜已有一个女儿，也就是你的外孙女，今年已满八周岁，出于对你的敬意，取名叫林娜。

你生活怎样？幸福吗？一切不愉快的事随着岁月消逝了，让那美好的日子留在我们的记忆里。

莉加

1984 年 6 月 7 日

我含着酸楚的热泪坚持阅读完这封苏联来信。一方面我由衷地为林耘感到高兴，时隔多年，终于收到这封迟到的家书，林耘多年期盼的骨肉团聚有了希望；另一方面，我内心十分矛盾，这封家信交还是不交给他？在共同生活的这段日子里，我对林耘的脾气秉性还是比较清楚的。

听我上小学的女儿说：二爷爷曾几次领陌生人来家。经追问，来人是他在金华劳改农场的狱友。我们两口子曾提醒过他，并让女儿监督二爷爷，但林耘"屡教不改"。为此，我们夫妻发了脾气，勒令他不准带乌七八糟的人到家里。他摇着脑袋，固执地说："你们不知道，这些难友和我一样都是好人。"看到他的犟脾气，我先生发火了，质问："你给吴家带来的麻烦还少吗？"叔侄二人争执起来。自我嫁进吴家，虽未与他谋过面，但对他给吴家招灾惹祸却多少有所耳闻。古人云：父母不在，长兄为父，长嫂为母。我的公婆一直对林耘我行我素的行为担忧，但碍于手足情没有与他闹翻。他赴苏联后，听有关报道说，中国国内闹三年困难时期，粮食歉收，市场食品奇缺，饿死人的事时有发生。他惦念兄嫂及六个侄儿，从苏联邮寄来一大包裹食品，以表关心之意。孰不知，在"以阶级斗争为纲"、中国与苏修誓不两立的岁月，这个从苏修邮寄来的包裹，成为公婆"政治立场不坚定、与苏修划不清界限"的铁证。为此，公婆在党内反复检讨，最终还为此事背了处分。

　　说真的，我对林耘既同情又不放心。他在劳改农场与世隔绝了 13 年，有点外星人来到地球的感觉，所思所想与现实格格不入，加上我在中央政治机关工作，生怕由于他的唐突给自己招惹麻烦。如果把莉加婶婶的来信告诉他，按照他的脾气秉性，会激动得忘乎所以，说不定会跑到苏联大使馆打听，导致他落实政策的努力前功尽弃。我反复惦量、斟酌再三，决定对他暂时保密。

　　经多方奔波，中央组织部某某局两次下达公函，确认了林耘 1938 年参加革命的工龄和离休干部的身份，并责成杭州市委组织部落实林耘副厅级干部待遇，办理离休手续及做好离休后的安置。在此前后，国家安全部某局也发函，同意恢复林耘同志的工龄、工资和革命待遇。

　　1985 年夏，中苏关系开始缓和，林耘也即将返杭。临行前，我拿出了保存一年的苏联来信，向他讲明当初我擅作主张拆信、扣信的苦衷及缘由，他没有责怪我，只是边读信边喃喃自语道："她们母女终于有下落了！没想到，没想到啊……"

　　1987 年春，外交坚冰打破，中苏两国邦交恢复正常化，外交方面达成民间往来的协议，允许中苏两国有亲属关系的可以相互探亲。林耘向杭州市公安局申请给女儿发邀请函，邀玛林娜来华探亲。

　　金秋季节，林耘携玛林娜从杭州来我家小住，三岁就离开中国的堂妹玛林娜已出落成楚楚动人的少妇。

　　苏联解体前，我们共接待玛林娜一家三次。后两回，是林耘发出邀请，通知我们在京接待。1990 年冬天，玛林娜、莉加婶婶、小林娜来华，这是我第一次见莉加婶婶。那时她已经 62 岁，但身体不像一般的苏联老大妈那样臃肿，高挑的个子，一头金黄的头发，白皙的皮肤，典型的俄罗斯女子形象，年轻时迷人的风韵犹存。小林娜 13 岁，白白胖胖，个子不高，长相接近新疆的少数民族。我女儿用英语与小林娜交谈，毕竟是孩子，不一会儿两人就聊起来，女儿还帮助林娜辅导数学。莉加婶婶靠着曾在中国生活十几年的经历，能简单蹦出几个汉语单词，连说带比画，和我们能进行简单的交流。我曾经问过莉加："你现在有没有丈夫？"她摇摇头说："不在了，死了。"我小心翼翼地问："你和林耘是否可以恢复夫妻关系？"莉加摆摆手说："都老了，一个在中国，一个在苏联，不好办。"我不再问下去。同样的话题我也曾问过林耘，他实事求是地说："我一身病，工资才128元，我拿什么来养活莉加啊？"我说："莉加不是有退休养老金吗？"他说："莉加的子女都在苏联，离不开啊！"看来破镜重圆只能是存于他们心中的一个梦了，我为他们的命运扼腕叹惜。

林耘从1988年夏秋返杭后，一直到去世，再也没来北京。他家因未安电话，只能写信与我们联系。他中风后右半侧偏瘫，写字也比较吃力，曾写过为数不多的几封信，其中不外乎两个内容：一是为玛林娜及其家人来华，委托我们接待。二是谈他的长诗《我起码要活它个一百岁》。长诗萌念于1978—1979年金华十里坪乱梦中。他自白：此题材源于个人经历，昂扬直呼爱与憎！供世人直面我坎坷人生，烛照解剖，如此而已。

1991年10月，林耘给我寄来《坎坷集》存阅留念。此后来信突然中断，后听说他病情逐步加重，已住进了医院。

苏联解体后，社会治安混乱，人民生活每况愈下，玛林娜一家曾萌生来中国定居的念头。林耘也为此向杭州市公安部门转呈玛林娜的俄文译本报告。

杭州市上城区湖滨派出所负责同志：

我名叫玛林娜，是杭州市离休干部林耘的亲生女儿，现居住在哈萨克斯坦阿木图市，是那里的机械自动化设计安装公司的主任工程师。

　　我应该感谢我爸爸的离休单位——杭州市百货批发公司和杭州商贸各级领导对我多病残弱的爸爸是相当关心照顾的，如给予及时的平反恢复原工资和革命干部待遇等，但还有一个很重要的问题，即长期以来未能得到解决，是我爸爸自 1981 年患脑中风并留下偏瘫后遗症，生活不能自理，全靠我妹妹励某某（家庭服务员）一人尽心竭力地照料至今，她是我爸爸的养女，已得到杭州市公证处的公证，可是她的户口一直在乡下，还未能迁入杭州，这对她的工作以及生活有许多不便。为此，我请求杭州市有关部门体谅我爸爸年老病残，顾念他早年参加革命经历，把我妹妹励某某的户口迁来他的身边为便。

　　我听说国内在政策上对高级知识分子和归侨及侨眷等也有诸多优惠照顾，不知我爸的履历和实际情况符合这些条件吗？如果这个问题确实没法解决的话，那么我是否可以请求：容许我们远在异邦的一家四口（我妈、丈夫、女儿及我本人）一同迁来杭州定居，以便和可怜的爸爸共享天伦，并分担妹妹独立照顾我爸爸的重担。专此敬请赐复。至幸！至感！

杭州市百货批发公司离休干部林耘的亲生女儿玛林娜

1992 年 5 月 13 日

　　这是玛林娜给林耘的最后一封信。因为诸种原因，玛林娜一家来华定居的申请没有被批准。

　　1992 年 7 月，林耘因心脑衰竭在医院去世。在病情恶化时，国内的亲戚曾给境外的玛林娜拍电报，催她速来华与其生父见最后一面。遗憾的是，对方始终没有回音。林耘带着对域外亲生骨肉的无限思念抱憾而去。后来听说玛林娜对解体后的苏联境况十分失望，她再次嫁人，随新婚丈夫去了法国。莉加姊姊故土难离，仍留在阿拉木图养老。

吴学谦、毕玲夫妇的旧上海潜伏往事

———————

毕玲口述

在很多人印象当中，所谓地下工作肯定是和秘密电台、秘密情报甚至可能是暗杀枪战等联系在一起的，但其实，在中共领导的秘密战线的斗争中，有相当一部分的内容，是针对敌占区的群众工作。1946 年，根据形势的需要，中共中央决定重建城市工作部，由周恩来兼任部长，任务就是要在中央规定方针下，研讨和经营蒋管区的一切工作，并且培训这一工作的干部。在那个年代，上海是全国第一大城市，也是中国共产党的发祥地，因此也就成了城工部的工作重心。吴学谦、毕玲夫妇二人当时都在上海从事秘密的学生工作，并结成革命伴侣，共同经历了那段令人难忘的风雨岁月。

一

1949 年 5 月中旬，中共的部队迫近上海近郊，隆隆的炮声即使在市区也清晰可辨。尽管国民党方面调动了 20 万军队固守上海，但是似乎每个人都清楚，上海落入共产党的手中只是早晚的问题。

毕玲：解放的时候，郊区打得很厉害啊，但是市区没有着弹，因为我军为了不损伤市里的建筑、工厂和学校。国民党军队土崩瓦解，只想突破包围，从海边逃走。

到了 5 月 25 日，陈毅、粟裕统率的解放军三野已经占领了上海苏州河以南地区。那一天凌晨 5 点，毕玲接到了吴学谦打来的电话。

毕玲：老吴打电话说：苏州河以南已经全解放了，电话公司也解放了，你们可以组织迎接解放军了。我说：你呢？他说在苏州河以北还正在打，也快了，那是 25 日凌晨 5 点钟。我就跑去找分区委，那里靠近苏州河。我听到炮响，看到好多国民党逃兵，我不害怕，"天"亮了，我们在地下工作中艰苦奋斗了 11 年。

1937 年，抗战全面爆发，毕玲的家乡宁波受到日军飞机的轰炸，17 岁的她也跟随着家人开始颠沛流离的生活，"八一三"事变之后，他们一家辗转来到上海。毕玲是家里最小的女儿，备受家里的宠爱。不过，初到上海的毕玲还是感到非常苦闷。

毕玲：因为从一个小城市突然进入大城市，一点没有抗日的气氛，而且很有些东西看不惯，就是觉得这个地方不是我们学生待的地方。

一个偶然的机会，毕玲在一位同学带领下，参加了上海学生抗日救亡协会的一个秘密会议，毕玲当时并不知道，这个组织其实正是中国共产党的外围组织。

毕玲：他们说要念一本小册子，请大家仔细听。我是宁波人，听得懂上海话，越听越好听，这本书叫《论持久战》。我对国民党逃到四川去不满意，听了论持久战三个阶段，我觉得太对了，就问这个作者是谁。他们说是毛泽东。当时我认为蒋介石也是抗日的，应该让他知道怎么抗日，说该给他寄一本去。他们非常惊讶，以为我是国民党特务。

毕玲回忆说，当年，17 岁的她还是一个天真纯洁的孩子，随着时间的推移，她和地下党组织的联系日益紧密。

毕玲：1938 年一年，加上 1939 年半年，我思想进步的确很快，觉得我应该和自己家庭划清阶级界限，共产党才是自己人，所以我穿布衣服、布鞋，头发剪得短短的。这个又挨批评了，组织上说你不能到延安去，你就留在上海，做上海的群众工作。

1940 年，毕玲结束了高中学业，此时，她已经是上海地下党组织的一名正式党员。何去何从，一切要听从党的召唤。

毕玲：组织上叫我考教会大学，我考进之江大学，因为之江大学需要党员。

在之江大学，毕玲担任了秘密党支部的宣传委员，不过，根据地下党组织的规定，她本人不能在学生当中擅自活动，甚至不能给人留下是一个活跃分子的印象，在旁人看来，她只是一名普通的大学生。

毕玲：因为我们提出合法化、社会化，我必须要有合法的身份，我要有"良民证"，要有家庭，要有职业，我的职业就是大学念书，这样就合法了。实际上我已经离开之江大学的党关系，只是念书而已，然后在女中区委工作，女中区委开始领导三个中学，其中包括我的母校智仁勇女中。到 1948 年的时候，领导智仁勇女中的区委告诉我，有 17 个党员。

二

1931 年 4 月，中共特科的负责人顾顺章被捕叛变，这个突发事件让当时在上海的中共中央受到了极大的威胁。到 1933 年，中共临时中央在上海已经无法立足，被迫转移到中央苏区首府瑞金，而与此同时，长江中下游的地下党组织也遭到严重的破坏，很多地方已经不复存在。

"西安事变"之后，国共再度牵手。中国共产党开始在南京、上海、西安等大城市建立八路军办事处，除了建立广泛的统一战线之外，各地的地下党组织也逐渐恢复起来。

毕玲：真正恢复党组织是在 1936 年，以前和党组织失去联系，所以说我们这批人是党组织恢复时期最早的一批骨干。他们现在说我是女中区委的女元老，我那时候不知道，我觉得我就是个小孩，只参加了两年的工作，就把我提拔做党内领导了。那时候吴学谦早就做领导，他是男中区委，我是女中区委，这区委我做了八年，一直到 1948 年把我调到大学区委。

尽管国共双方实行了第二次合作，联手抗日，但是双方摩擦不断。1941 年，爆发了震惊全国的皖南事变，把国共之间的矛盾推向高潮，很多人似乎又看到 1927 年"四一二"反革命政变的影子。

毕玲：所以那个时候就提出了 16 字方针：隐蔽精干、长期埋伏、积蓄力量、以待时机。这就是党中央的指示，具体领导我们的是少奇同志跟恩来同志。这 16 字方针包含非常大的意思：你必须要耐心隐蔽，精干，党组织不是在于数量，而是在于质量；长期埋伏，你要有耐心，不暴露，谁暴露就是违反纪律，你不要自己去出风头；积蓄力量，必须要让铁扇公主肚子里的孙悟空越来越多；以待时机就是里应外合。

那个时候，毕玲虽然只有 20 岁出头但是已经有了两年党龄。此时，她已经离开之江大学，根据上级指示，转入另一所教会学校，沪江大学。

毕玲：除了这 16 字方针，在抗日时期恩来同志给我们还有三句话：勤学、勤业、交朋友。因为那时候隐蔽精干非常需要。功课一定要好，我考第一名，是党给我的任务，本来我念书吊儿郎当，但组织上给我任务我就拼命用功，考到第一名，威信就提高，所以勤学这点很重要，而且我们应该有知识；共产党员应该有业务知识，第二是勤业，指的是业务、技术水平、能力的提高。每一个潜伏者在老板眼里都有分量，这样才能群众威信高，多交朋友。

当时的环境异常残酷，上级党组织除了在政策上进行引导，对一些细节问题也有非常具体的指示。

毕玲：教会大学里的女学生都烫头发，就我一个人不烫头发，结果到大二的时候组织上就命令我烫头发，叫我穿皮鞋，不要穿布鞋。我以为我是无产阶级了，应该艰苦朴素，觉得这个上海不是革命者待的地方，我要到解放区。

在那个激情四溢的年代，和毕玲有着共同想法的人不在少数。她至今还记得，当年发生在一位战友身上的事情。

毕玲：国民党抓了好多人，但是我们利用合法身份，利用统一战线，组织家长联合会，召开记者招待会，利用《文汇报》《大公报》《大明晚报》抗议抓学生，好几个同学都给救回来了，有些实际是利用国民党管监牢的人贪婪，给他一套西装料子，或者给他一个小金条学生就被放回来了。

作为地下党支部的委员，毕玲不能轻举妄动，因为一旦她遭遇不测，就可能产生连锁反应，让地下组织遭受破坏。不过，教会学校的特殊性，让毕玲找到了工作的突破口。

毕玲：教会里有规定，要成立团契，团结的团，契约的契，英文叫fellowship，这个组织专门是为了研究《圣经》的，就是查经班，它的目的完全是传教。成立以后，我们有我们一套，把我们的《大众哲学》《社会发展史》都弄进去，后来这个团契成了党的外围组织，有好多曾经参加团契的人变成共产党员。青年人很快接受，也没觉得我们这样做是共产党的活动，后来觉悟提高了才知道，你们这些人都是为了引导我们，但他们一点没有怪我们，觉得我们教导他走到进步中去。

三

抗战胜利，举国欢庆，此时，毕玲已经大学毕业，她接受党组织的指派，来到一所女中担任英文老师。经历了八年抗战，上海地下党其实已经有了很大发展，毕玲所在的学委系统，这个时候已经发展了1300多名党员了。而就在不久之后，风云突变，内战一触即发，随着国共之间斗争的加剧，上海地下党面临的环境也更加险恶。1948年夏天，毕玲就遭遇了她人生当中最危急的一次险情。

毕玲： 我分工领导教师区委、教会中学区委、私立中学区委三个区委，这个教师区委的书记叫蔡怡曾，是圣约翰大学研究生毕业的。

由于上下级的关系，蔡怡曾与毕玲关系密切，对她的情况也非常了解。然而，因为一个突发事件，蔡怡曾遭到了国民党当局的逮捕。

毕玲： 她的假名叫施英，领导一个教师支部，里面一个党员是从培明女中新调来的，交大刚毕业，这个人在交大就冲锋在前，早就被特务注意，毕业以后去做教师。交大开篝火晚会她发动学生去参加，被特务盯了梢，知道她是培明女中的教师，就把她抓住了。晚上就打她，她招出蔡怡曾，但不知道叫什么名字，也不知道蔡怡曾的家在哪里，只是说我们星期日下午两点要在愚园路愚园坊门口开会，讲蔡怡曾穿短大衣，大方格子的，黑跟白。

对于这个情报，国民党谍报机关如获至宝，他们派出人马前往愚园路，准备张网捕鱼。

毕玲： 蔡怡曾等得很烦，特务叫她施英，她不理，因为这是她党内名字。"你是施英吧？""我不是，我是蔡怡曾。""你哪个单位的？""我是市立师范教导主任，有名有姓有地址。""你这大衣，你这头发卡子证

明你就是施英，跟我们去一下吧。"特务把她塞进汽车，带到亚尔培路
2 号动了刑。

酷刑之下，蔡怡曾丝毫没有吐露实情，不过，她的被捕，还是让毕
玲陷入了险境。就在这个危急时刻，毕玲接到了吴学谦的紧急通知。

毕玲：老吴为什么知道，我们有人在敌人内部工作，告诉了我们学
委系统。老吴马上通知我：蔡怡曾被捕了，你立刻离开敬德女中。我跟
校长说我牙疼要去拔牙。第二天叫我哥哥打电话给校长：拔牙出血过多
心脏病发作要回家休养，向你们辞职，原来预发的三个月的工资（预发
工资是因为物价高涨）统统退还给你们。我马上搬家，搬到我堂哥家
里，我堂哥在解放区，我堂嫂在上海，也是党员，她就把她的衣服给我
穿，马上重新到理发店去剪短头发，戴了一副黑眼镜，老吴把我调到杨
树浦沪江大学。

毕玲回忆说，如果没有蔡怡曾的坚贞不屈，她也许难以逃脱这场劫
难。做地下工作，敌我之间不仅是智力的比拼，更多的时候是意志的较
量，而危险也是经常陪伴在身边的。不过，在那个年代，和他们相伴的
也不总是风雨，随着地下党队伍的壮大，毕玲所属的学委系统进行了调
整，一个她生命中最重要的人来到了身边。

毕玲：我成了工委，女中工委跟男中工委合并，新的领导是吴
学谦。

毕玲还记得，当时人们都把这位表情严肃的新领导称为"老吴"，
不过，当时毕玲并不知道，老吴并不老，甚至比她还小一岁。随着接触
的增多，两个年轻人的心逐渐靠近。

毕玲：把老吴带回家，和家里人说他是银行职员。家里也就答应
了。老吴家里穷，什么也没有，钱是靠我在银行存下的积蓄。其实组织
上叫他可以使用党费，实报实销，但是他不用。

毕玲回忆说，她和吴学谦虽然确定了恋爱关系，但是他们之间没有花前月下，卿卿我我。

毕玲：没说过你爱我，我爱你，一直到死他这两句话没说过，因为爱情不是靠嘴巴说的，而是靠实际行动表现。我主要是思想上对他非常佩服，自己觉得，在他的领导下，有进步有提高。他之所以选我，因为我有些工作成绩，当时女同志也没几个。不是我追求他的，是他选中我的，但是我也没讨价还价，就说我们结合在一起吧，但是我们不解放就不结婚，这使结婚非常渺茫，因为那时候谁知道什么时候解放啊？那是1947年，他26岁，我27岁。

四

1949年5月25日清晨，苏州河北岸还有隐约的枪声和隆隆的炮声，不过，走在晨光初现的街道上，毕玲没有丝毫的恐惧，她的内心充满了迎接胜利的喜悦。

毕玲：我就跑出去找我领导的分区委，要区委书记马上通知各个支部行动起来，因为我们要组织一个全市性的、全上海各界的工人、教师、职员、学生组成的民联保安队，就是上海民众联合保安队。保安队里有两种组织，一个叫纠察队，一个叫宣传队，报名的人在学生界就有4万，其中15000人的纠察队，就很快出来，在各工厂、学校里面站岗，保护重要的财产，武器就是一根棍子。另外一批人在国民党特务机构守着，等解放军一进来，我们就给他们领路，去抓特务。解放军不熟悉上海市的路，我们就陪他们走巷道。我们欢迎那天下着大雨，我们淋着雨游行，我们扎的花车上扎满了花、红旗。

毕玲回忆说，早在解放军入城之前，朱德、毛泽东签署的《解放军入城布告》，就已经由吴学谦和一个名叫于之的同学运进了上海城区。

毕玲：他是冒着生命危险用汽车运进来的。我领导教师、工人、学生。把男学生组织在纠察队，女学生组织在宣传队里，解放军还没进来，满街都是《解放区的天是明朗的天》的歌声，还有扭秧歌。

此时，上海地下党的力量已经今非昔比，从抗战初期重建地下党组织，经过11年的发展，到了1949年，上海的地下党员已经达到万人以上。

毕玲：我没想到，原来我们这孙悟空已经变成1万个小孙悟空了，光党员就1万人。我觉得，革命群众那么多，就是11年来不断地执行"16字方针"的结果。

虽然毕玲从1938年就投身革命，不过由于长期从事地下工作，家里一直不知道她的真实身份。

毕玲：我家里很高兴——因为家里出了共产党干部了，有小汽车了。我从区委到家里来开小汽车，里弄都轰动了。老吴说：你不要开小汽车，乘公共汽车，不要惊动老百姓，觉得你神气活现的。所以后来我不乘了。

此时的毕玲和吴学谦已经步入了大龄青年的行列，不过，由于两个人工作繁忙，早年那个约定直到1951年才最终兑现。

毕玲：我们1951年2月6日才结婚。结婚三天后，吴学谦马上到北京去报到，就出国了，一去两年。后来，他一个月有五六次出国。

光阴飞逝，匆匆而过，那一段隐蔽战线的经历，对于毕玲来说，只是人生当中短暂的几年，然而这一段时光，甚至很多当年发生的细节都留在她的记忆深处，永难忘怀。

毕玲：组织上经济困难，我把金手镯、金戒指都变成钱捐给党了，家里问我哪儿去了，我说丢了，因为家里娇生惯养我没关系的，不会骂我。我那时候买不到大米，我们开会要吃饭，机关里面烧饭的同志说：

我不能做无米之炊，你给我弄点大米来。我就到家里米缸里偷一口袋，趁妈妈没看见背出去。同志们聚在一起睡，被子不够，我家里有好几条被子，我就捧着被子，打个三轮车送去。有一个同志家里做手帕，他就向他爸爸要了一大叠，他拿了 12 盒，拿来以后交给党组织，在党内义卖，我也买了手帕，有多少钱拿多少钱，收上来的钱全部交党费。

（文稿来源：凤凰卫视"中国记忆"栏目。编导：邓宁娜）

青山不改　绿水长流
——"民族之妻"关露

郝在今　李康将　等口述

关露，原名胡寿楣，20 世纪 30 年代著名作家。1939 年受中共地下党派遣，到汪伪特工总部"76 号"策反特务头子李士群，后又打入日本大使馆与海军报道部合办的《女声》月刊任编辑，成为著名的"红色间谍"。抗战胜利后，被国民党列入汉奸名单。中华人民共和国成立后，她又因汉奸罪名两度入狱，前后 10 年之久，出狱时仍然顶着"定为汉奸，不戴帽子"的污名，直到 1982 年 3 月 23 日获得平反。

说起电影《十字街头》，很多人都会记得里面的歌词"春天里来百花香，朗里格朗里格朗里格朗，和暖的太阳在天空照，照到了我的破衣裳。"很少有人知道，这首歌的作词，是 20 世纪 30 年代上海滩有名的女诗人关露。这位与丁玲和张爱玲齐名的才女，直到今天人们也所知甚少。"宁为祖国战斗死，不做民族未亡人"的诗句，曾经为她赢得了"民族之妻"的称号。但就是这样一位满怀革命斗志和写作才华的女子，她的一生却让人唏嘘感叹。

接受中央秘密任务　赴上海策反李士群

1939 年的深秋，夜晚的上海拉都路上路灯昏暗，路边的小楼里，关露的长篇小说《新旧时代》已经进入了最后的修改。忽然响起了一阵敲门声，来者是一个名叫刘少文的男人，他给女主人带来一封叶剑英的密电，内容是"关露同志，速去香港找小廖接受任务"。

关露，原名胡寿楣，幼年家贫，依靠自学完成中学教育。1928 年，关露入国立中央大学文学系学习，后转入哲学系。在此期间，她与张天翼、欧阳山和胡风等人相识，开始文学创作，1930 年发表处女作《她的故乡》。"九一八"事变爆发后，关露积极参与抗日活动，赴上海参加上海妇女抗日反帝大同盟，1932 年加入中国左翼作家联盟，同年加入中国共产党。其诗作《太平洋上的歌声》发表后，一举成名。

1937 年"八一三"事变后，上海的进步文化人士纷纷撤离上海，关露则根据上级的安排留了下来，所以才出现了开头的那一幕。信中的叶剑英，是中共中央南方局的负责人，小廖是廖承志。南方局要关露去香港找廖承志干什么，电报里没有任何提示。过了两天，关露简单地收拾了一个小皮箱，乘船悄悄去了香港。

关露到达香港后的第二天，两个客人拜访了她，其中一个就是廖承志，另一个人是潘汉年。那是一次绝密的谈话，直到若干年后，有的材料里才第一次提到它。潘汉年所带来的任务，竟是命令关露返回上海策反李士群。中共中央社会部副部长潘汉年，1939 年 4 月临离开延安时，曾与时任社会部部长的康生研究过如何对待李士群的问题，他们认为在条件成熟的情况下，要派人打入极司菲尔路 76 号。

郝在今（关露研究者）："76 号"的任务，实际上是摧毁中国的抗日活动。它不是光搞一般的暗杀，也搞情报，搞中国共产党、国民党、新四军的情报，搞中国所有抗日力量的情报，特别是搞上海的秘密抗日组织的情报。这里边就有中共的潘汉年系统，有军统上海站，还有中统。它曾经把军统的上海站完全摧毁，把上海站站长陈恭澍抓了。所以，"76号"应该说是上海滩效率很高的一个特工组织。

位于极司菲尔路76号的房子，是抗战期间汪伪特工总部和所谓的"中国国民党中央执行委员会特别委员会"特工总部。它的头子就是后来成为伪江苏省主席兼警政部部长的李士群。

郝在今：李士群早年是中共中央特科的成员，曾经到苏联去培训过，回国以后在特科的打狗队工作，可以说是个文武兼备的人。被国民党特务机关逮捕后，他投敌了，参加了国民党的特务组织。到抗日战争初期，他又投靠了日本人，参加了汪精卫的特务机关。所以，这个人可以说是经历了国民党和共产党，熟知日本、苏联、中国三方特务机关工作的底细，在中国可算是屈指可数的特工高手。

在来香港之前，关露在上海文坛相当活跃，她在许多报刊上发表了大量诗文，猛烈抨击时弊，热烈宣传抗日救亡运动，在社会上引起强烈反响。同时，她还翻译了大量英语、俄语的外国文学作品，创办刊物。这一切使她成为20世纪30年代文坛上很有影响的知名女作家，引起文艺界的广泛关注。潘汉年为什么要把策反李士群这么重要的任务交给一个文艺浪漫的女诗人呢？

郝在今：因为关露她们一家和李士群过去有私人关系。李士群在中央特科被敌人逮捕的时候，他老婆叶吉卿正好怀孕，生活特别艰难。这个时候关露的妹妹胡绣枫收留了她。胡绣枫也是共产党员，当然要爱护自己的同志。所以李士群释放以后，就特别感谢胡绣枫这一家人，同时也就认识了关露。

李康将（关露外甥女）：原来据说这个任务是要派我妈妈去的，就是胡绣枫，因为当时她跟我爸爸在宜昌，很远，也是在上层潜伏，后来就让关露去了。

关露的妹妹胡绣枫和"76号"日伪特务头子李士群之妻叶吉卿曾是复旦同学，并且有恩于叶吉卿。李士群对于当年胡绣枫对他妻子的帮助感恩不尽，而关露和妹妹又好得如同一个人，所以潘汉年和廖承志就交代关露利用这层关系策反李士群。

郝在今：让关露去也有很尴尬的地方，就是李士群投敌以后，他也想拉拢一些中国文人给他撑面子，他曾经邀请过关露，关露当时认为他是个汉奸，就拒绝了。这个时候让关露再转过头去主动靠拢李士群，这个事确实有些别扭。

潘汉年最后嘱咐关露说，今后要有人说你是汉奸，你可不能辩护，要辩护就糟了。

李康将：潘汉年郑重地对关露说，这个任务比牺牲生命更高、更难的就是，要彻底毁掉自己的名誉。

1939年冬，一辆黑牌汽车停在极司菲尔路76号大门前，立刻有人打开车门。关露走下汽车，被人引导着走到"76号"门口。

郝在今：关露第一次见李士群，李士群搞得非常隆重。他打开"76号"的正门，迎接关露进去。"76号"的正门一般是不开的，来人都是走旁门。他亲自带着关露参观了"76号"各个房间，包括审讯室、资料室都看了。他想，你共产党既然打算跟我联络，我就要向你们表示友好，同时也是为了向他手下散风，中国著名的女诗人都来找我联系了。

对于关露的到访，李士群夫妇表现得极其热情，但同时也在疑惑，为什么一年多来一直痛斥汉奸、拒绝与自己为伍的进步诗人，今天会主动拜访呢？

李康将：关露就说，她混得很不好，想在他那里做点事情。李士群也很狡猾，他知道共产党这一套，但没捅破。他老婆呢，整天在官场上打麻将，就拖着关露去，也让关露陪自己买东西，后来来往很密切了，就这样跑进跑出。

郝在今：潘汉年给关露的任务是只带耳朵，不带嘴巴，光听就行，不用多说什么。它是个什么样的任务呢？它实际是中共情报网络的一个触角，长期的目标是策反李士群。但是关露的任务不是直接去策反李士群，而是去试探他，实际就是派一个共产党员到李士群身边去摸他的底。

转入地下工作被朋友误认为"汉奸"

1941 年 12 月 8 日，太平洋战争爆发，上海彻底沦陷。这一天李士群见到关露，忽然说，请你转告潘汉年，如果老朋友真的要我，我愿意帮忙。李士群的这次谈话对于关露来说，是突如其来，实际也是预料之中。当天晚上，关露把她打入"76 号"以来对李士群思想动态的认识，尤其是李想见潘汉年这个情况写成报告，寄给了潘汉年。很快，潘汉年根据关露的判断，在上海秘密约见了李士群。

忍辱负重了两年后，关露的工作为中共策反李士群铺平了道路。之后，李士群与中共的秘密联系，改由其他同志负责。策反李士群的任务以后，关露的工作由文化战线转到了隐蔽战线，而朋友们也渐渐地疏离了她。上海文化界开始摒弃这个曾经的抗战文人，许多昔日的同事、朋友均对她侧目而视，大家谈起她的时候，甚至要往地上吐唾沫。

有一天，关露来到老朋友许幸之家里，她再也抑制不住自己的情绪。她对许幸之说，再这样干下去，会弄得我臭名远扬、身败名裂，然后便失声痛哭起来。在观察、策反李士群的两年时间里，关露精神非常痛苦。在此期间，关露曾给妹妹胡绣枫写过一封信，说我想到"爸爸、妈妈"身边去，就是不知道"爸爸、妈妈"同意吗。这里的"爸爸、妈妈"就是指解放区延安。胡绣枫接到信后，立刻跟邓颖超汇报了此事，没过多久，八路军办事处的一个人就找到了胡绣枫。

丁言昭（关露研究者）：她一直说想到延安去，但是延安来信说，按照她这个身份，还是在上海做地下党、搞地下活动比较有利，因为她如果到那边去，身份就全暴露了。

1942 年春天的一个晚上，中共的联络人来到关露家里，交给她一个新的任务。上海沦陷后，原来的革命进步刊物均被迫停刊，舆论受到日本侵略者的严密监控。这时，日本驻上海总领事馆和日本海军陆战队报道部联合创办的《女声》杂志需要一位中国编辑，上级希望关露能借这个管道联络上日本左翼人士。

当时这份杂志由日本著名女作家佐藤俊子出面负责，她是杂志社的社长兼主编。《女声》月刊是一份中文妇女杂志，读者对象是日寇占领区的广大妇女，每期必有一篇"大东亚和平"之类的时事评论，其他的文章都是家庭生活、男女婚恋等。关露行使编辑的权力，刊登了很多暗含反战爱国色彩的文章，培养和发掘了大批进步的文学青年。

丁景唐（关露侄子）：凡是共产党员或进步青年投的稿子，关露篇篇给登，因为关露很有目光，她是多面性的。翻出《女声》刊物来一看，都是关露和共产党一些青年在唱主角。这个刊物日本人出了钞票，但是唱戏的却是共产党。

关露给日本人工作，也给她的声誉带来一些冷嘲热讽。上海滩就有人翻出她整容的旧事，大肆讽刺。

李稻川（关露外甥女）：当年她和电影界的人挺热的，像白杨、王莹、蓝苹啊，应该说都认识。那时候她们去整容，关露也跟着去，像白杨她们都整。虽说她长得不难看，但也去整了。那时候整容技术不高，给她把鼻子垫起来后没有保养措施，所以那个地方就开始烂了，烂了就破相了。

在《女声》杂志期间，关露的生活十分窘迫，为了生计不得不想其他办法赚钱。

丁景唐：关露同佐藤俊子有一年时间住在北京路有个四层楼的地方，一个住在里面，一个住在后面。因为佐藤俊子是日本出名的女作家，她供应比较好，关露却什么东西都没有，佐藤俊子就糖啊什么东西的都帮助关露。关露实在困难，她还找到基督教，因为教会底下有一个夜校，就让关露去那里教书。教书有很少的工资，关露能够坚持下去已经很了不得。

1943 年 7 月，有一天佐藤俊子正式通知关露，8 月份日本当局要在东京召开第二届"大东亚文学者大会"，关露被日本领事馆指定为这次大会的"代表"去东京开会。

郝在今：它是要把日本侵占的亚洲各个领土所有的作家、本地的作家，招到日本开一个大会，形成一个什么效果呢？就是这些国家的文人，已经拥护大日本的"大东亚共荣圈"了，它想形成这么一个舆论。

这次大会，中国的代表十几个人全要被登报并附照片。如果经过这次亮相，关露的"汉奸"之名就再也洗刷不掉了。就在关露犹豫要不要去日本参加这个大会的时候，一个 30 多岁的青年找到关露，交给她一封信，请她带到日本，交给东京帝国大学一位姓秋田的教授。最后青年交代说，这是潘汉年直接交给关露的任务，请她务必带到，亲手交给秋田教授。

郝在今：有一个日共领袖叫佐野学，在他从莫斯科回上海、从上海去东京沟通联系的时候被捕、叛变。日本国内的共产党组织整个都被打散了，莫斯科的共产国际和日本国内的共产党组织遂失去联系。共产国际迫切希望重新恢复这个联系，靠谁呢？又得靠中共。

原来，当时在中国的日共领导人野阪参三与日本国内的日共领导人失去了联系，希望通过秋田恢复，恰好杂志社给关露介绍的日本朋友中就有秋田。在日本，关露秘密约见了秋田，并把延安方面的密信亲自转交给他。就这样，中、日共产党的秘密联络线在一位女诗人的手中完成了对接。

日本在"大东亚文学者大会"上要求每一位中国代表都要对外广播发言，发言的题目由日方决定，发给关露的题目是《大东亚共荣》，对重庆广播。为此，关露和日方交流，希望更改演讲题目，改成《中日妇女文化交流》。一些日本报刊的记者常常来找关露采访，请她写文章，她总是避开政治性问题不谈，只谈些日本的风土人情。

这次任务看似异常轻松，远在日本的关露却不知道，国内事态正在起着变化，汪伪特务头子李士群9月在家中神秘暴毙，而她出席日本大会的新闻已在国内传开。

丁景唐：好多人都骂她，认为她出席"大东亚文学者大会"就是文化汉奸，再加上她在日本人办的《女声》杂志里当编辑，就很自然地被认为是汉奸。

秘密身份引误解　与王炳南相爱难相聚

从日本回到上海，关露将在日本看到的社会思想动态写了三份材料，准备交给地下党组织。但是她汉奸文人的头衔，却让她从此"臭名昭著"。一篇登在1943年《时事新报》上的文章写道，当日报企图为共荣圈虚张声势，关露又荣膺了代表之仪，绝无廉耻地到敌人首都去开代表大会，她完全是在畸形下生长起来的无耻女作家，关露的"汉奸生涯"达到顶峰。

在上海这座孤岛里，关露一个人孤军潜伏，在她家中有一个小箱子，里面珍藏着一张照片，她时常拿出来看看。王炳南，一个有缘无分的恋人。

郝在今：关露在上海做地下工作的时候，交往过一个重要的共产党人，这个人就是曾经留学德国、相貌堂堂、风度翩翩的王炳南。应该说他是很有魅力的一个共产党人，而且是个秘密共产党人。他的活动范围在中国社会上层，主要在杨虎城、宋庆龄和国民党高官之间活动。关露跟他交往以后，两个人互相印象很好。

李稻川：我们那时候很小，十二三岁。因为重庆八路军办事处就在重庆我们家对面那个胡同里头，所以王炳南每天晚上黄昏看不见人的时候就到我们家来了。他操着一口陕西话，妈妈叫他老陕，他就叫绣枫绣枫，我妈妈就知道他来了。他们谈的内容，多半都是我的姨妈。

王炳南是中共的高级干部，他和关露的感情很深厚。抗战时期，关露在外是以汉奸文人的身份出现的，而她的恋人则是以爱国分子身份在国际友人之间活动，悬殊的差别导致两个人聚少离多。

李稻川：通过转辗的通信，他们两个人一直还是很好的，所以才有王炳南给她的那张照片。"你关心我一时，我关心你一世"，这是我和姐姐亲眼看到的。

1945 年日本投降，抗战胜利后的 8 月，国民党军统特务头子毛森奉命来到上海处理汉奸，首批被捕关进提篮桥监狱的就有 400 多人。王炳南开始担心，因为关露名列国民党的除奸名单。

李康将：国民党方面抓汉奸的时候，名单里头就有她。后来我们党的夏衍还有王炳南他们就说，赶快把她转移。后来转移到苏北去了。

关露回到苏北淮阴新四军根据地后，心情舒畅。特别是当她收到王炳南的来信，信中说他不久将随同以周恩来为首的中共代表团飞抵南京，争取到苏北淮阴来看望她时，她满心欢喜。然而在欢喜过后，另一番景象却在关露到淮阴后的第三天提前到来。

李稻川：到了自己的家了，但是新四军不相信她，没有恢复她的组织生活，要审查她。

郝在今：为什么呢？因为关露的名声还是汉奸女文人。她回到革命队伍里来，是保密的，因为不能公开她的身份。因为她做地下工作，当时有很多线索，她有上线下线，她这一暴露，就把别人都暴露了。

此时解放区的"整风运动"正进入审干阶段，任何一个来自白区的人都要受到审查。因为没有恢复组织关系，"汉奸文人"的头衔也没有被澄清，关露不能公开露面，她的思想情绪越来越苦闷。

李康将：遭遇这些，那些文人都不理她，包括许广平。她那时候病得很厉害，到街上去买药，走都走不动，许广平见了她就走了。她大哭了一场，觉得这个"汉奸"罪名这么可怕。当时组织审查她，她为这个事情发过神经，神经错乱。

远在重庆的王炳南在动身去看望关露之前，按组织原则向周恩来、邓颖超汇报了自己对关露的感情，以及决定要去看她的计划。周恩来、邓颖超先是同意了，但在第二天王炳南即将登上飞机的前一刻，邓颖超又赶到机场将他留了下来。

李稻川：是组织上不允许，因为王炳南以后肯定是要被重用的一个干部，而且要派到国外去的。那时候对于关露，组织已经开始不相信她了，觉得她很复杂。一个外交官的夫人怎么能这样呢，所以就不让王炳南上飞机，说必须停止这一段。这个对她肯定是刻骨铭心的。

在失恋和审查的双重打击下，关露神情恍惚，经过家人和朋友为她四处奔走证明，不久曾山批准恢复关露的组织关系。1946 年 4 月，关露被分配到苏北建设大学担任文艺系副教授职务，后来又辗转到达大连。在这期间，关露抓紧一切机会，经常到附属"流浪儿童学校"了解情况，体验生活。回到北京后，就在她一心一意想要写出满意作品的时候，事态又发生了变化。1955 年 6 月 14 日清晨，一辆汽车停在西单舍饭寺 12 号电影局剧本创造所的大门口。当关露被叫到办公室的时候，公安人员向她出示了经最高人民检察院批准并盖有公安部部长罗瑞卿印签的逮捕证明。

1957 年 2 月，公安部在《对关露问题审查结果与处理意见的报告》里，说明了关露被捕的原因："我们逮捕反革命分子潘汉年后，发现潘汉年曾派关露做过争取汉奸李士群的工作，并在日本大使馆和海陆军报道部合办的《女声》月刊杂志社任过主编，有反革命嫌疑。因此，经最高人民检察院批准，于 1955 年 6 月 14 日将她逮捕。"那一年关露 49 岁，一关就是两年。

《对关露问题审查结果与处理意见的报告》中写道，关露在接受组织任务到敌伪机关期间，并未积极为党工作，而是公开地为敌人工作，起了汉奸的作用。但由于她和组织还未断联系，也没有发现她有其他罪行，所以也不能予以汉奸罪论处，因此，对她的处理，我们的意见是教育释放，仍然返回原机关工作。就这样，关露在监狱里被审查了将近两年后，1957 年 3 月 27 日被释放。

背负着"汉奸文人"的头衔，关露一生坎坷。1967 年 7 月 1 日清晨，61 岁的关露正在翠微路商务印书馆宿舍里学习毛泽东著作，康生、江青指挥的"中央专案三办"拿着逮捕证再一次把她抓走了。

李稻川："文革"中，她在监狱里过得非常惨。她在里面写了很多诗稿，那些诗稿我看了后觉得非常震撼，她那种革命意志的坚定仍然是看得见的，并没有很悲观的东西。她想到过死，但是她说我不能死，我的问题还没有弄清楚，为什么要死呢。

1975 年出狱后独居香山　逝世前终获平反

1975 年，在秦城监狱关了 8 年之后，关露出狱了。

李稻川：出来以后，她的问题还是没有解决。因为潘汉年的案子没有结案，她的问题就不能彻底地解决，她待遇各方面都没有。

香山东宫 2 号，是关露 1975 年出狱后用补发的工资买的。这是一座紧靠公路旁带小院的平房，两间小屋相连，很简陋，但遍植绿树香花，用水要到远处去挑，厕所还在大马路对面。

李稻川：她自己搭了个热炕，她说很暖和。外边有个阳光很足的地方，她写作。那儿没有自来水，当地的农民就每天给她挑一担水送来。她很讲卫生，但她那个卫生有点洁癖，每次见到我们不说话，第一件事是洗手。

关露一个人住香山，生活孤寂，经常邀请朋友到香山同住同写作。1980 年 5 月，关露突患脑血栓，经过医院抢救，虽然头脑逐渐清醒，勉强可以讲话，但得由人搀扶着行走。

丁景唐：她身体完全垮掉了，后来晚上不能睡觉，白天也头痛。我们都去看过她，都不认识了。给她一个屋子，很小，在厕所和火炉间的隔壁。

"潘案"在陈云和廖承志的过问下，终获平反，惠及关露。1982 年 3 月 23 日，北京朝内大街 203 号，中共中央组织部派人向躺在病床上的关露宣读了平反决定，43 年的汉奸骂名，10 年牢狱，终获昭雪。7 个多月后，1982 年 12 月 5 日，关露在完成了回忆录以及她的老上级潘汉年的纪念文章之后，服安眠药自杀。在关露自杀的房间里，谁都没有注意到，那个装过两个安定片小瓶子的牛皮纸大信封背面，有几行字，上面写着"青山不改，绿水长流"。而在那个牛皮纸信封里，还有一张王炳南年轻时送给关露的照片，照片背面题写着"你关心我一时，我关心你一世"，下面有关露的一行题诗"一场幽梦同谁近，千古情人独我痴"。

1982 年 12 月 16 日，关露的骨灰安放仪式在八宝山公墓举行。因为是自杀，没有致悼词。有细心人发现，在那次追悼会上，有一个并不属于文艺界队伍但是神情极其沉郁的老人，他自始至终没有与任何人说话，一直默默地站在人群后面，有人认出那是王炳南。他默默地参加了仪式，并向关露遗像深深三鞠躬。

(凤凰卫视"我的中国心"栏目供稿)

45 年的等待：我与张露萍

———
李　清

　　张露萍（原名余硕卿、余慧琳、黎琳）自 1945 年 7 月 14 日壮烈牺牲在贵州息烽集中营，至今已经整整 62 年了。

　　我和张露萍是 1938 年初春相识的。那时我刚 18 岁，她 17 岁。

　　我原籍河北，1937 年夏我正在山西太谷铭贤中学上高三时，日军攻占了娘子关，学校被迫迁往四川。国恨家仇使我决心投奔抗日之路，便在学校路过西安时，以"自谋生计"为由征得学校同意提前毕业，跟几个同学一起，辗转去了延安，上了抗日军政大学。

　　张露萍原籍四川成都附近的崇庆县，她早于 1936 年还在读初中时即参加了民族解放先锋队，接受进步思想，积极投身抗日宣传活动。1937 年冬，张露萍刚进入成都蜀华中学上高中，抗日战争的隆隆炮声促使她下决心奔赴抗日圣地延安。她邀约了两个同窗好友，不顾家人阻拦，越秦岭，闯西安，历尽艰险，于 1938 年 2 月 3 日抵达延安。

　　那天，寒风凛冽，延河还未化冻。我们抗大第三期的一些男生下课时，正好遇上送她们的西安八路军办事处的卡车，大家热情地围上去抢接她们的行李。黎琳因为行李较重动作迟缓了些，当我挤到车厢前，正好站在她的下面。我先替她拿下行李，再向她伸出双手，她大大方方地扶着我跳下车。尽管一身尘土，但她那冻得通红的圆脸上却绽出兴奋的笑靥，一双大眼睛里尽是好奇的神色！在我提着她的黑色皮箱送她去住地的路上，倒是她先问我的姓名，还自我介绍说她叫黎琳（她离家出走后用的化名）……

我还记得她到陕北公学没几天就跑来告诉我，她吃小米饭已经不噎嗓子时那副高兴的样子；也记得她转入抗大学习后，有时因为听不懂教员的课急得掉眼泪的样子；更记得身材娇小的她穿着紫红毛衣站在队列前面指挥大家唱歌的形象，她背后是黄土荒坡，前面坐着一大片灰色着装的学员……

黎琳在延安，当她因为家庭出身问题未能及时被批准入党时、抗大结业后申请上前线未获批准时，都曾焦虑地向我倾诉，我们总是互相劝慰、鼓励。宝塔山上、延河岸边，都曾留下我们俩的脚印。

我难忘1938年10月26日。那天下午，黎琳喜气洋洋地来找我，说她准备请我吃糖，但要我先猜猜是什么事。我看着她那掩饰不住的自豪神情，便恳切地说："你准是被批准入党了！"

我也难忘1939年初秋，我们经组织上批准结为革命伴侣的情景！那个晚上我们互相谈自己的理想：我们将一起去参加战斗迎接抗战胜利；她支持我去钻研马列主义搞理论工作，我支持她去从事她喜爱的文艺工作……

然而，两个多月后，她就接到了新的任务。那天，她从她的工作单位"文协"很晚才回家，一进门就急切地告诉我：组织上跟她谈话了，说南方局周恩来副主席那里急需人去开展统战工作，考虑到她父亲余安民曾被蒋介石委任为中将师长，又曾与刘伯承司令员同学、共事，想调她去重庆参加南方局军事组工作！我俩对这事都感到有些突然，但很快我们就冷静下来，坚决服从组织安排。她若有所思地说："要是我们两个一起去就好了！"我说："我支持你去后方，我在延安等你回来。"

三天后，我送她去兵站。半路上，她从我手里夺过她的背包，说我体质不如她强，还嘱咐我以后少开夜车啃书本，注意身体。那天延河边风沙滚滚，无论是我还是她，根本没有"风萧萧兮易水寒，壮士一去兮不复还"的悲壮情怀，更没想到这竟是我们的永别！

根据组织安排，黎琳先是到成都老家见她父亲。她在路经川北，到达广元时写了封信给我，说她独自坐在嘉陵江边看见了北飞的大雁，便在河滩上写下了好多个"李清"的字样，她真想让天上的大雁们看见后将她的思念带给远方的亲人！但她的来信并未曾留下地址。

从那以后，我再也没有收到过我天天期盼的她的鸿雁。过了半年多，我突然收到了一小包我爱吃的水果糖。交给我的同志只说是黎琳从重庆托人辗转交给他带到延安来的，我解开包糖的手绢没找见她一个字！但我明白她是用她的手绢告诉我她平安无事，又用糖告诉我她无时不在惦记着我，而地下工作严格的纪律不允许她写给我只言片语！

又过了半年多，抗大一位去重庆治病的女同学回延安，称她在重庆亲眼见到黎琳穿着布拉吉衣裙，挎着国民党军官的胳膊行走在大街上！我的另一位同学还专门来找我，劝我别再等黎琳了。于是"黎琳叛变"的消息在延安不胫而走！这个惊雷般的消息极大地震撼了我，使我多少个长夜不能成眠！但我无论如何也无法将那位同学描述的黎琳和我心目中她那纯真、刚强的形象吻合起来。我只能怀着十分痛苦的疑虑，等待组织上有一天能告诉我真相。

我完全没有料到：黎琳到重庆后已被秘密更名为张露萍，她没有按原计划去做她父亲的统战工作，而是被单独派去从事一种极其特殊、极端危险的地下工作！她被捕后所受到的刑讯、监禁，直到最后被残酷枪杀的全部经过，因极其秘密不为人所知。她的名字又多，而狱中的地下党组织和难友们只知道她叫张露萍！不仅我自己，就连组织上也是一直到 1983 年才完全查清事实真相！

我终于知道了：1939 年初冬黎琳到达重庆红岩周公馆后，中共南方局军事组给了她打入国民党情报首脑机关这样重大的任务；知道了年纪轻轻已被改名为张露萍的她，竟然担任国民党军统电台中共地下特别支部的书记，作出了出色的成绩；知道了 1940 年并非由于她的过失，他们支部七个成员被敌人发现全遭逮捕，先后被关押在重庆白公馆、渣滓洞及贵州息烽监狱等地；尤其是知道了黎琳在遭受极其残酷的刑讯中，在长达五年监禁的非人磨难中，在残杀她的刑场上，表现得那么坚强、刚烈！我在陷入巨大悲痛之余又为她感到极大的欣慰和自豪！

我极其感谢中央组织部、全国妇联、四川和贵州省委、重庆市委、组织部门、党史办、息烽和崇庆县委及重庆烈士纪念馆等单位为查清和表彰张露萍烈士事迹所做的大量工作；也极其感谢中共南方局原领导人叶剑英、雷英夫和息烽集中营幸存的狱中地下党支部委员韩子栋，同室难友孙壶东、徐宝芝夫妇等有关同志为张露萍烈士提供的充分证词！正是组织上和他们的努力，不仅摘去了张露萍烈士头上的"叛徒"帽子，还恢复了她对祖国人民无限热爱、对党无限忠诚的历史面目，从而被定为国家一级英烈！烈士的英灵终于得以安息，烈士的亲友终于得以解除心上多年沉重的负担！

1985 年春，正逢张露萍牺牲 40 周年，她的烈士墓也在息烽快活岭正式落成，而我正好从工作岗位上退下来，便在清明节从北京赶到贵州息烽去为她扫墓。

那是自延安跟她离别后我第一次站在她的面前！尽管隔着一层厚厚

的黄土，我还是用一篇悼词把我心中积存了 45 年的话向她倾诉了。

我看着一层层摆放在烈士墓前那些展现着无限春光的鲜艳花束，耳畔忽然响起了黎琳在延安最爱唱的那首歌："五月的鲜花，开遍了原野，鲜花染遍了志士的鲜血……"我仿佛真切地看到她正站在鲜花丛中向我微笑！她依然是当年那个穿着紫红毛衣，热情活泼、开朗刚毅的黎琳呢！我感觉自己决不能仅用眼泪去祭奠她，我会在心里永远保留她那乐观无畏、光辉照人的形象！

岁月匆匆，围护着露萍烈士墓的那些青松翠柏又多了 20 个年轮。2005 年 7 月，在她英勇就义 60 周年纪念日，我以 85 岁的高龄再次登上息烽快活岭，并写下一首诗来缅怀她："苍山埋忠骨，浩气满大川。梦随孤魂绕，怎不忆延安！"

张玉良背后的潘赞化

———
吴 晓

　　凡是看过电影《画魂》的人，无不为影片中的一个情节所心酸：张玉良（又名潘张玉良）在法国巴黎的寓所里得知丈夫潘赞化早已于1959年去世的消息后，悲恸欲绝，呆若泥塑，那情真意切的悲伤情景让人看了揪心。这是因为，她本是一个青楼女子，能以传奇的色彩闻名于世，成为我国旅法著名女画家，跻身于国际画坛名流，与潘赞化当年把她从火坑中救出、培养，并与她结为伉俪是分不开的，这是她人生旅途的一大转折。然而，潘赞化其人其事，知者甚少。其实，潘赞化也是一个富有传奇色彩的人物。

　　潘赞化（1885—1959），号世璧，字瓒华，后改名赞化，安徽桐城潘家楼人。明末遗老潘木崖的后裔。祖父潘黎阁，曾为清廷北洋大臣李鸿章幕僚，后出任天津知府。幼孤，靠伯母戴氏抚育成长。后由祖父做主，与舅父方信伯之女方世善订婚。舅父怜其孤儿，将其接到家中抚育培养，后又转送到他堂兄潘晋华任教的上海同文馆继续就读。

　　1901年，其堂兄潘晋华在安庆北门创建藏书楼，与留学日本回国的陈独秀结社，倡导革命。陈独秀从东京、上海带回《时务报》等各种时政报刊，传播革命思想，又组织青年励志社，每周集会，交流思想，互相勉励。一时风声所播，闻者兴起。那时潘赞化虽然年少，但也奔走其间，陈独秀、潘晋华、房秩五等开会、演说时，他常在门外望风。1900年，当八国联军大举入侵中国之时，俄国乘机派遣了 17 万大军，占领中国东北三省。义和团被镇压后，1902 年，清政府与俄国签订了《东北三省交收条约》，俄国应在 1903 年 4 月撤军，然而，俄国不但不撤兵，反而重占营口，并向清政府提出"东三省置于俄国监督之下，不许他国干预"等七项要求。5 月 17 日，陈独秀与潘晋华、潘赞化等商量，在藏书楼举行了一次拒俄演说。这天大雨倾盆，然而，狭窄的藏书楼内外挤满了听演说的爱国青年。演说完毕，陈独秀"趁热打铁"，倡议成立爱国学社，众人公推陈独秀、潘赞化等 7 人立即起草社章，当场有 126 人签名入社。这是安徽有史以来的第一次群众大会，在安庆乃至全省各界引起广泛的响应。惶恐不安的清朝政府下密谕镇压，潘氏兄弟及陈独秀等受到通缉，一起潜逃东渡日本。

潘氏兄弟在日本期间，兄习警察，弟入振武学堂习军事。戊戌变法失败后，康有为、梁启超逃亡日本，组织保皇党，有人劝潘氏兄弟参加，但遭到兄弟俩的坚决反对，此时，孙中山在日本东京组织兴中会，他们兄弟俩毅然加入为会员。孙中山筹划在浙江、安徽发展革命力量，准备发动起义，他们受孙中山的派遣回到安庆开展革命活动。他们回到安庆后，即与革命党人徐锡麟接上了关系，兄在徐锡麟主管的巡警学堂任总教习，潘赞化在陆军小学教授日语。1907 年，徐锡麟起义失败，清王朝疯狂地搜捕革命党人，潘氏兄弟在捕之列，星夜逃回桐城。次年，潘赞化又东渡日本，本想再进振武学校学武，但校方得知他与徐锡麟起义有关，没有敢接受他入学。这样，他只得改变志愿，入早稻田大学学习兽医。他曾到蒙古大草原进行实习，考察牧民养马、驭马，学得一手好马术，以备将来革命的需要。

辛亥革命时，潘赞化满腔热情地回到安庆，投新军柏文蔚，任新军教练，为柏氏改编训练原十九镇与其他合编的队伍。次年，他随这支训练的部队一举进击攻克浦口，复进入两江总督衙内，为后来孙中山建立中央政府奠定了基础。辛亥革命胜利后，柏任安徽都督，派任潘赞化为芜湖海关监督。当时，走私风气严重，稽查人员徇私舞弊，关税日益减少。潘赞化到任后，严于律己，严厉打击走私，使关税收入大增。当时，财政大权握在北洋军阀手中，他不愿将关税解缴北京，而汇寄给上海同盟会。稍后，孙中山巡视芜湖时，特与潘赞化会面，赞其义举。其间，潘赞化虽已与表妹完婚，但他邂逅青楼女子张玉良，出于正义和同情她的不幸遭遇，毅然把她从火坑中赎了出来，并不顾家人的强烈反对，纳其为小妾，一时间成了绯闻。他发现张玉良聪慧过人，勤奋好学，又不惜钱财，为她请家庭教师教授国文、英文，又送她进教会学校读书。

1913 年，柏文蔚举旗反袁世凯"二次革命"失败后，袁世凯委倪嗣冲为安徽都督，柏文蔚被解职，潘赞化被免去了芜湖海关监督职务。此后，他偕张玉良寓居上海渔洋里，与被袁世凯通缉潜逃上海的陈独秀为毗邻。这时才与张玉良正式结为伉俪，陈独秀成了他们唯一的来宾与证婚人。自此，张玉良从潘姓。结婚后，他送张玉良进上海美专习西洋画，让她留学法国深造，终使她学有成就，成为教授，跻身于国际画坛名流之列，其作品多次在巴黎、罗马展出，名震一时。这当是后话。1915 年，蔡锷将军通电反袁，云南宣布独立，潘赞化辗转云南，参加讨袁活动，得到蔡锷的信任与重用，被派到贵州、广西，说服两省相继宣布独立。云南起义的成功，给袁世凯以致命打击，潘赞化荣获刻有"云南起义纪念"六字怀表一枚，又回到了上海。

1922 年，时任安徽实业厅厅长的故友程光远，委任他为滁州畜牧场场长，由于他为人正直，秉公办事，而遭人攻讦。后又任《安徽实业杂志》编织所所长，他对此没有兴趣，只得辞职回故里。1927 年，北伐战争中，任国民革命军第三十三军军长的柏文蔚，委任潘赞化为副师长，后由章士钊举荐赴南京，任实业部专员。

1937 年，抗日战争爆发，国民政府迁往武汉，潘赞化奉命赴西北考察实业，途经平凉、兰州、西安一带，一路满腔热血，积极宣传抗日。后又辗转重庆，任职于农矿部。此时，避难于重庆的安徽文教人员和学生很多，国民政府教育部为安徽的流亡师生在重庆的毗邻江津县德感坝设立了国立第二安徽中学（后改为国立江津九中），他应时任校长的邓石如后裔邓季宣之邀，赴江津任该校总务处主任。对于避难于江津、穷愁潦倒的陈独秀，他非常关心，不仅常常给以生活接济，还常带学子拜访。一次，他带着几个慕陈独秀之名的学生拜访。临行前，他嘱咐学生：

"你们向陈仲甫先生要字，他的字写得很好。你们只要买三斤白糖、两斤猪肉，再带些蛋送给他就行。"

于是，学生们凑钱买些薄礼送给陈独秀。陈独秀见学生们诚意送来的礼物，在潘赞化的劝说下慨然收下。学生向他要字，他欣然同意，当场用些杂乱的纸张即兴挥毫，学生得字高兴万分，视作珍宝。中午时分，陈独秀又招待潘赞化和学生吃家常便饭，还说：

"国难时期，流亡在外，能吃上这样的饭菜也是不容易的了。"

潘赞化在 30 多年的军事、政治生涯中励志奋斗，求索富国强兵之道，终未遂愿，心中有无限的感慨。最后，他深知欲达此目的，必须兴办教育。于是，他断然离开政界，回故乡桐城，任孟侠（吴越的号）中学常务副董事长，并代行校长职务。他还在潘家楼创办两所小学，亲自筹措经费，与师生同甘共苦，为国家培养了不少人才，备受乡亲们的称赞。他在办学中身先士卒，无论是严寒酷暑，都是赤脚草鞋。每天清晨，他都带领学生在县城东门外河滩跑步，做体育操练；平时，他和学生一起，用冷水洗浴，以期健身励志。

潘赞化身材魁梧，年轻时英俊潇洒，朝气蓬勃。晚年时生活简朴，白布长袜扎在裤腿之外，外出时草帽芒鞋，长髯飘拂，研读释道经典，一派道风仙骨。

1947 年，潘赞化卖掉张玉良当年在南京任教时买的一幢房子，举家迁居安庆。中华人民共和国成立后，经章士钊举荐任安徽省文史馆馆员，月薪 60 元，高出其他馆员一倍。1959 年病故于安庆，享年 75 岁。远在大洋彼岸、日夜思念祖国和丈夫的张玉良，直到 1964 年中法建交之后，才有机会写信给中国驻法国大使馆，要求帮助了解潘赞化的情况。没过多久，噩耗传来：

"潘先生早在 1959 年 7 月就离开了人世。你的孩子怕你过于悲伤，担心你的身体，所以一直瞒着没敢告诉你。"

女画家惊闻噩耗，脸色煞白，像一尊泥雕似的呆坐在沙发上……

我与季方的婚恋

钱讷仁口述　季明整理

　　我与季方同志结为伉俪已 50 多年了。他生于 1890 年农历三月初四，百年冥寿在即。我也年近 90 岁，自从陪侍他住院而患脑血栓后，往事如烟，皆已依稀。

　　我出生在一个破落地主家，父亲早逝，全靠母亲独立支撑。所幸家人和睦，生活尚属温饱小康。我既不是"大家闺秀"，童年便爬树捉鸟，颇具"野性"。初不习针黹，倒向长工学编筐、织席。年稍长，不满包办婚姻，谋求学自立。我的兄长卖田为我退婚，我的嫂嫂出私房助我读书；来之不易倍可珍，我遂抱独身主义。

　　我初识正成（季方的"字"），已二十六七岁，是在婉扬家。婉扬是我嫂嫂婉清的嫡妹，又是正成的族妹，她想撮合我们。还有她们的弟媳杨德真（也是我的好友）与其兄杨惕深，亦有此意。斯事固然违我初衷，而季方前妻张怀德方逝，正成意在为爱子凡凡觅一继母，我是"粮户小姐，小脚伶仃"，自然谈不拢。年余季凡病故，其后正成另又娶妻生子。

　　彼时我在上海同德医学院攻读产、儿、妇科，靠勤工俭学来维持我与侄儿宁康两人生活。往来亲友可数。与正成碰面次数多了，双方渐增了解；正成并教宁康古文。我与同窗好友六人结为异姓姊妹，尊正成为大哥。他为我们题名"讷""让""诲""谕""诒""诵""谦"，己则名"诚"，"讷仁"是他为我题的"号"。十年间我们情同手足，唯不言婚嫁——他尊重我独身主义的意愿，更为自己已有家室之累，从无稍涉轻薄的举止，品行方正，使我心折。

　　大哥自幼体弱，长期清苦的生活，忧患、劳累，使中年的他更多病。杨惕深对我说：

　　"大哥如果病死，不是你害的也是你害的！"

　　强成（正成的三弟，名"刚"）说：

　　"你如同意（嫁给大哥），大哥脚边头一定扫扫清爽，孩子也可以让她带走。"

　　当时我知正成久病，身体太差，又心想自己习医本为治病救人，何况他是我素所爱慕？遂对强成说：

　　"哪个父母不爱孩子？哪个孩子不爱父母？若我们为了爱而结合，可以牺牲自己的一切，为什么要使别人骨肉分离？她愿意改嫁，听其自由；她愿意同老太（正成的母亲）一起生活，也应尊其意愿。"

　　并毅然写信给正成："我们结婚吧！"

　　正成接信后当即赶来："我是乘卧铺回来的呢！"（平日是舍不得乘的）

　　但我母亲认为正成贫病多厄，年近50岁，与我相差10岁，又有孩子，而且孩子的母亲仍留在老太身边，反对这门婚事，只好请寄娘（干妈）出来主持。她是嫂嫂的母亲，素爱我，人又开通，便挺身为我们主婚。后来我母亲见正成温厚笃实，日益喜爱；婆母更称我"大囡"，以

亲昵于"娘娘"（对媳妇客气的称呼）。解放后，我们将两位老母都接
到身边奉养，均享年 90 余岁，这是后话。

婚后第二年春天生一女。婆母说：

"煮熟黄豆做不得'种'！"

正成说：

"这是我们爱的结晶，我偏要做'种'！"

当时在上海，我开一私人诊所维持全家生活，正成即以之为掩护。
我只知他抗日，却不清楚他在"武抗"详情。说来有趣，后来我经向明
同志介绍入党，也对他保密。回想起来，我本不问政治，实在是因为
他，才携女相随到根据地。至于参加革命工作，最初完全是出于人道
主义。

整个抗战期间，即在环境最艰险的时候，我们也大多在一起。抗战
胜利，内战又起，我与正成、女儿都不在一起，而各随组织北撤。这时
我已是一个受党教育多年的共产党员，虽然牵肠挂肚，还是经住了严峻
考验，胜利完成了自己的任务。解放后，虽组织照顾总在同一城市，但
他经常出差；而我在中南海门诊部和东大桥机关幼儿园工作时，更由于
工作需要，干脆住在本单位，星期六才回家。

历经"文革"浩劫，我俩皆年逾耄耋，幸均健在。我已离休，他已
退居二线。方期镇日相伴相守，不料病魔竟遽尔夺去他的生命！

大哥，我现在身体已基本康复，差可告慰。但行动不便，终日枯
坐，抬头只见你从照片上向我微笑，侧有一联，上书：最难风雨故人
来……

1989 年 2 月 24 日

为了半个世纪的承诺

——抗美援朝战争中的战地情书

———

朱锦翔

那天，他送给我一件令我特别喜爱的礼物：色如绿宝石的小号关勒铬金笔。我们坐在球场边的一块高地上，虽然是挨着坐的，可谁也没好意思往紧里靠。尽管他英姿勃勃，充满战斗激情，谈话总离不开战斗赴朝参战的内容，可至今不能忘却的是，他的一句话让我伤了心。他说："这次参战，也许成了英雄回来，也许牺牲了。"

锦翔：

我刚由东北回来，收到了你的来信。

当时我是累的，头痛、腰酸，阅过信之后，我特别兴奋。兴奋的就是，你能针对着我的思想来帮助我。我有这样一个人经常帮助我，工作更会起劲，改正缺点更快，你的帮助是真正地从革命利益出发。的确，吊儿郎当地工作是要受损失的，对个人、对革命都没有好处，你这样直爽地提出我是很高兴的，同时还希望你对别人也要这样。

朱锦翔

抗美援朝之后，我的工作与飞行都进一步。老实说，我吊儿郎当是改了不少，吊儿郎当也得看环境，现在是什么时候。这次改选支部，我又是任副支部书记，不敢吊儿郎当。上级这次给我们的任务是空中转移，任务是艰巨的，上级这样提出，我们这次能从空中转移得好，我们可以成为半个飞行家。为了要得到这半个飞行家的光荣称号而努力，为了有把握的争取这光荣称号，我们由十九号乘运输机顺航线看过一次。如果我没有其他病或意外之事，半个飞行家咱们保险当上（这称号你不高兴吗?）。

锦翔，我坐在这老牛一样的飞机上，拿着地图，与地面目标对照，一去一回，我的一双眼睛，没有一时地不注视地面，是为完成这次上级给我们的重大任务。这次我们都去锻炼，你是在战争环境锻炼，我是在空战当中锻炼，你望我当英雄，我望你争取早日入党成模范。

你给的建议不应该叫保卫干事捎信，你很生我气啊。请你不要多心，我并非是找保卫干事做你的工作。我以前不就说过了吗? 你是一个纯洁的青年，在思想表现工作方面都好。我为什么叫他给你捎信，因为他是团长警卫员。过去，他和我是很好的。那天他到我们这玩，我也在外边玩。我给徐政委写封信，他说给你捎封吧，我说算啦。他说写吧，我说写就写吧，就是这么样。锦翔，请你不要怀疑，你不要把保卫部门的人看得过于重视，谁也不敢去接近他啦。过去是曾有这样的说法："天不怕，地不怕，就怕保卫干事来谈话。"并没有什么，请你不要怪，不做亏心事，还怕鬼叫门？生的不吃，违法的不做，谁也不怕。

另外，我正好又去东北，这次捎回来东北特产，带回来大家都吃完了。我再去预备捎点给你吃一吃。我们以后到东北可是不能见面啦。我们相距太远啦。要是战场上死不了，能回见，死了就算。

锦翔，今后我们多通信吧，互相了解些工作情况，再见，再见。在塞外，我这次去，现在那里还不冷，和这一样，满山的大豆、高粱、苞米，都是绿的，有特别一种感觉，有个关外味道。

此致

敬礼

看过之后有什么意见，请提出为盼。

明坤（即作者的恋人鹿鸣坤——编者注）

锦翔同志：

很早就收到你的来信，没有及时回信，请你原谅。本来我写了一封信，准备寄，可是没有寄出去，又接到你的来信，我很被动啦。你别生气，也不要背后骂我，就是要骂，等见面后再骂，我也不会生气。

我谢谢你对我们的祝贺和希望，现在将我处情况简告你。最近我们全团都是4点半到5点，若干人在机场等待命令，每天都是这样。我们现在住的地方不错，当然不如过去。两个大队住一个屋，也没有一张桌子，也没有电灯，睡的钢丝床。我们来的第二天休息，我和几个同志去大孤山游玩、观望。南海一望无边，山上有几座庙。我和几个同志在观

鹿鸣坤

海亭的下边，在悬崖陡壁之处照的，我送你一张，还有我在院里太阳光下照的，也送你一张，当然不如你在上海照得好。最近两天我们要跳伞，还发跳伞纪念章，我预备送你，好吧？还有四团的同志。

你信上谈到关于工作之问题，现在全处在抗美援朝时期，这些意见不能提，应为大局着想，过了这时期再说，不过，我还要尽量帮助你去解决。你的工作应尽力而为干下去，这是我的希望。如果你不愿干，我不愿干，谁来干？话越说越长，没有完。总之，以后战斗情况下，我主动给你写信就是啦。再见。

此致

敬礼

鸣昆（即作者的恋人鹿鸣坤——编者注）

初恋记忆

我的恋人、战友鹿鸣坤，1929年生于山东莱阳话河区滴子村。1943

年参军，历任战十、班长、排长、政治指导员。1948 年 8 月加入中国共产党。1949 年到航校学习。毕业后，分配到中国人民解放军空军第二师第六团。1951 年 10 月，他奉命入朝参加抗美援朝战争，任第三大队副大队长。1951 年 12 月，在一次对敌空战中不幸牺牲。

我是 1933 年出生的，家乡在浙江台州。1950 年加入共青团，后来加入了民盟。1949 年应征入伍，成为中国人民解放军华东空军文工团团员，先后担任飞行部队供应大队的见习会计、通讯队会计和师政治部文化补习学校的文化教员。1954 年转业后，我考入北京大学新闻学专业学习。1958 年毕业后，分配到甘肃兰州大学工作。退休前，是兰州大学新闻系副教授、教研室主任。退休后，定居上海。

上面的这两封信件，我已经珍藏了半个多世纪。每当重温那些信件，多少往事涌现心头，常常是泪眼模糊的同时，又激励自己勇敢地面对苦难。

1950 年，中华人民共和国被东来的朝鲜战火烧到鸭绿江边，"抗美援朝、保家卫国"的声浪，让我辈当兵的热血沸腾。1951 年，我随部队"雄赳赳，气昂昂"地从上海转战到鸭绿江边。那年我已经有了初恋情人，带着好奇，带着幸福感共赴前线。我俩同属空军二师，他是六团三大队副队长，我是师通讯队会计。师部和飞行团队相距数百里之遥，既不可能通电话，更不可能见面，唯一的联系方式是信件。拿上纸笔、趴在床上，哪怕是三言两语，以释怀念之情。我们告别时他的话也是："到前线，我给你写信。"

提起我俩的恋人关系，堪称平淡，没有拥抱，没有接吻，更没有说出一个"爱"字，仅仅是一颗纯真的心。它的前提是部队组织对女方祖孙三代远近亲属政审合格，获得批准。

在抗美援朝前线的最初岁月，我们分享过战斗取胜的欢乐和荣耀。

那时的我，只知沉浸在幸福的承诺中，参战期间，积极争取成为一名光荣的共产党员。战争结束，两人一起去山东老家看望送子参军的妈妈。

接到参战命令后的一个周日，鸣坤来宿舍看我，告诉我要去完成"试航"的任务。他眉宇间充满自信和活力地说：按苏联专家的说法，这次试航成功，就是"半个飞行家"了。他是个很诙谐的人，还不拘小节，喜欢把"吊儿郎当"四个字加给自己。

我们见面时，鸣坤还是非常拘谨的。当他发现我胳膊上戴着手表（那时因飞行需要，飞行员人人有手表）时，颇为惊喜，想看看究竟是什么表，可就是不敢接触我的胳膊。我告诉他，要去前线，父亲担心，怕我回不来，特地让姐姐将这块表转交给我。

我们在上海的最后一次见面，是在程家桥高尔夫球场。当时，我们师部已搬出虹桥机场，住到了高尔夫球场（现为上海动物园）对面的几幢小洋楼里。

那天，他送给我一件令我特别喜爱的礼物：色如绿宝石的小号关勒铬金笔。我们坐在球场边的一块高地上，虽然是挨着坐的，可谁也没好意思往紧里靠。尽管他英姿勃勃，充满战斗激情，谈话总离不开战斗赴朝参战的内容，可至今不能忘却的是，他的一句话让我伤了心。他说："这次参战，也许成了英雄回来，也许牺牲了。"我主动请战到前方，更多的是出于好奇心和光荣感，根本没有想到把参战和死亡联系在一起。我神情黯然地脱口而出："怎么可能会牺牲呢？不会的，不会的。"他连忙笑着说："我这是跟你开玩笑，你就当真了。"

后来，在我得知一些飞行员和一位大队长牺牲的噩耗后，被战争的残酷震惊了！我后悔自己的错误想法，以后才不敢再提"不安心、要上前线"的傻话了，而是从正面去鼓励他勇敢战斗。

当时，虽然领导和同志们说，抗美援朝回国就可结婚了，可我们俩从未提过"结婚"两个字。他知道我上海的大姐不允许我过早谈朋友，要我努力提高自己。我和鹿鸣坤谈朋友的事，我的家人是在他牺牲后才知道的。

那个年代的飞行员，既不允许单独行动（和批准的女友谈对象例外），又不允许在外面吃饭。我俩没有在一起吃过饭，每次见面也从未超过三个小时。

这次分手，我们照样握手告别，都没有说过"我爱你"之类的话。可谁也没有想到，这竟然是永别。

1951 年 12 月，我随师部机关奉命先行撤回。没想到，回到上海不几天，就传来噩耗：在一次空战中，鹿鸣坤不幸牺牲了！

战争必然有牺牲，这对部队老同志来说也许是正常的，可我无论如何也难以接受啊！毕竟那年我才 18 岁，他也只有 22 岁。当隐约知道此事后，我既不相信这是真的，又克制不住哭泣，还不好意思在人前流泪。只好一个人哭，以致不吃不喝在床上躺了三天。此后，部队领导急了，设法做我的思想工作，又派人将装在鹿鸣坤图囊（飞行员上天随身携带）里我的一张军人小照片转交给了我。

寻亲之旅

一晃，半个多世纪过去了。往事如烟，岁月茫茫。随着岁月的推移，思念取代了哭泣，让我魂牵梦萦的是如何兑现诺言，去看望鹿妈妈。

几十年来，个人行为离不开政局的走向，加上自身条件所限，始则因幼稚而害羞，不敢在人前提及男朋友种种，1954 年我考入北京大学后又想等入了党再去，可 1957 年的反右运动彻底打破了美梦。从 1958 年大学毕业到退休，我一直工作在黄土高原的甘肃。漫长的岁月，使兑现诺言变得越来越沉重，以致被埋进心的最底层。

退休以后辗转数地重返上海，往事像过电影般一一浮现，都定格在对初恋情人的承诺上。古有一诺千金之说，今则弥足珍贵。可顾影自怜，18 岁的小女兵都成了白发苍苍的古稀老妪，鹿妈妈她老人家还能撑到今日吗？真是为守候承诺年复一年。再不行动，连兑现承诺的能力都将丧失了。

2006 年夏，我终于独自一人悄然上路，登上北去的列车。第一站是山东莱阳县所在地烟台，下了火车，径直去民政局。科长认真翻阅烈士名单后，不无遗憾地告诉我，莱阳县话河区已划归莱西县，属青岛地区了。我闻听之下大失所望，不知所措。稍待冷静，萌发出依靠媒体的想法，便立即去寻找烟台晚报社。接待我的女记者热情、豪爽，迅速和有关方面联系后当即表态，报社派记者陪同前往。在编辑王晓等同志的安排下，次日摄影记者兼司机马跃、资深女记者曙笑华和我一起上路。

出发是星期六的早晨。车行两个多小时找到莱西县河头店镇大淳圩村。一进入村头，我们逢人便问："知道参加志愿军的鹿鸣坤家吗？"答

复只有一个"不知道""不认识"。几位七八十岁的老者欲表达，却又说不清。就在这急不可待的期待中，走过来三位六七十岁的老人，其中一位一见照片立即爽朗地说："我知道，我知道。他就是我们村子里的英雄，抗美援朝牺牲的飞行大队长……"他滔滔不绝，一口气说出不少内容："抗美援朝结束不久，这里曾组织过两批人，到沈阳烈士陵园参观祭扫。"他瞅了我一眼后又说："听说，他在部队里还有个没有过门的媳妇。"这中间，摄影记者一直不停地按快门，我和曙记者则全神贯注于交谈："他们的住家呢？""他的家人呢？"他这才领我们往前走，继续介绍。到一片菜地前，他指着几畦菜园说，这就是他们家原先的宅基地。

至此，我们全明白了：因为鸣坤是家里唯一的男孩，姐妹们出嫁，爸爸过世，妈妈便也跟着女儿过日子。国家经济困难年代，大姐一家带着妈妈去了"北大荒"……

一听"北大荒"三个字，我的确被惊呆了："难道这一带再没有他

晚年的朱锦翔

家的亲人了?"他连声急促回答:"有,有,有。"于是他一一告知。我们详细记下地址、姓名,又驱车往几十里外的外甥家,后又一起找到大外甥女。初见之下,两位拉住我不住地喊着:"舅妈,舅妈。"欣喜之下更多的是伤感、愧疚。才60岁的外甥女,一脸的憔悴,一头枯干的白发。看着室内的陈设,炕头的被褥,我简直不待考虑,立即掏出一千元给姐弟俩,硬要他们收下。关于家中上辈,他们也不知道多少,只听说外婆多年前病故于"北大荒"。

不需多思,我已打定主意:去"北大荒"。

此行,《烟台晚报》图文并茂地连载四期。其间,山东《都市女报》也派出记者专程从济南赶到烟台采访我,连载两期。媒体的帮助给我带来了独闯关外的勇气。

离开烟台的第一站是首都北京。在"抢救民间家书项目组委会"办公室,我曾接受《北京晨报》和北京电台记者的多次采访和报道,其中北京电台的广播长达18分钟。

到了沈阳,我依然走进报社。接待我的《沈阳晚报》资深记者邱宏听完介绍后，恳切地表态："您老就不要再奔波了，我们直接送您到北大荒目的地。今天下午先陪同您到北陵烈士陵园……"可贵的人间真情的暖流，使我原先去北大荒的胆怯、忧心一扫而空。

来到鹿鸣坤的墓地，这已是第三次。我站立在墓碑前鞠躬、低语，又是禁不住的伤痛。犹记第一次来墓地是 1956 年夏，从哈尔滨实习返回北京途中，女同学陆彬良陪同，适逢陵园关闭日，是我那不能自控的泪水使守门人破例地打开大门。在墓前，我自信地向他悄语："我正积极争取入党，待入了党，会尽快付诸行动，去看望妈妈……"

1986 年去长春参加学术讨论会返回途中，再次来到墓地。肃杀、荒芜的陵园环境使我久立墓前无以为告，临行前无奈地说："在我有生之年定会去山东老家……"走着走着又回望墓地补充了一句："愿你的灵魂能感觉我的到来，保佑我安康。"

2006 年这次，我感激时代。一路上接触到的各地同志、记者都那么热情，无私相助。特别是《沈阳晚报》的记者邱宏、赵敬卫、王林，放弃国庆长假的四天休息，开车带着我从沈阳直奔黑龙江鸡东县东海乡群英四村，一路颠簸，跨越东北三省。

10 月 1 日一早起程，第二天我们就到了大姐家的柴门外。当时已是夜幕初降时分，老两口颤颤巍巍互相依扶着，迎向我和记者们。我克制不住地扑向大姐，泪水拉近了我们的距离。大姐喃喃着："妹妹，难为你了，大老远地来看我们。""妹妹，见到你如同见到我弟弟鸣坤。"我为自己实现半个世纪的夙愿感到宽慰的同时，一股强烈的自责使心很痛，我不住地重复着："我来得太晚了！"举目望去，简陋的住房，简陋的内室，我不由自主地摸出尚能余下的一千元钱对大姐说："这点钱你拿着，买点你最需要的。"淳朴、善良的大姐一再推辞，我不得不说："大姐，就算你弟弟的心意。"又说："见到你们我心安了，今晚唠唠嗑，明天得随记者一起返回。"一听"明天返回"，大姐伤心了："妹妹，不能走，我都86岁了，你什么时候还能再来看我？再怎么也得住个十天八天……"感情和泪水让我留下了，而且一住就是八天。

这八天，我们唠得很多。一提起妈妈她老人家，便止不住地落泪。可谈到小时候弟弟的聪明、逗人爱，我们也舒心地大笑。

2010年10月25日，在上海浦东上钢社区和志愿军老战士联谊会共同举办的纪念抗美援朝60周年大会上，我以《为了兑现当年的承诺》为题，讲述了辗转数千公里寻找战友亲人的故事，深深感动了听众。因为，我终于兑现了长达半个世纪的承诺。

（中国人民大学家书文化研究中心供稿）

斯诺和海伦的婚恋

———

武际良

　　美国著名记者、作家埃德加·斯诺和诗人、作家、社会活动家海伦·福斯特·斯诺都是中国人民的忠诚朋友。他们写下的不朽著作《西行漫记》和《续西行漫记》，影响了一代中国青年走上革命道路。他们原是一对志同道合、十分恩爱的夫妻，却在结婚17年后离异。斯诺早在1972年作古，海伦也于1997年1月与世长辞。他们那值得赞美的婚恋却鲜为人知。

异国相逢　一见钟情

　　1928年，23岁的斯诺，作为一个初出茅庐的旅行记者，原计划用一年时间周游世界，然后当作家。他到中国打算只逗留六个星期。7月初到上海后，上海的美国《密勒氏评论报》主编约翰·本杰明·鲍威尔见斯诺这个年轻人才华出众，就执意留下他担任了该刊助理编辑、旅行记者，后来还当了代理主编。

1931 年 8 月，24 岁的海伦·福斯特来到上海，担任美国驻上海领事馆的秘书。照美国人的习惯说法，她是一个"健康、自信，美国童子军式的天真姑娘"。她怀着对古老中国的浓厚兴趣前来，但没打算久待，最多一年。她要写一本畅销书，当一个女作家。

斯诺和海伦出国旅行、写书、当作家的想法不谋而合，这在 20 世纪 30 年代的美国青年中是一种时尚。

海伦到达上海的第一天就同斯诺会了面。她一到下榻的旅馆，还没有打开行李，就向接待她的美国领事馆副领事保罗打听斯诺在哪里。保罗和斯诺是熟人，他立刻给斯诺打电话说："刚从西雅图来的福斯特小姐要见你。"斯诺在电话里回答，请福斯特小姐和他一起去"沙利文"喝咖啡。"沙利文"是公共租界静安寺路上的一家颇具美国风味的咖啡馆，是上海唯一有冰激凌招待的所在，外国人都爱到那儿约会、聊天。保罗同斯诺约定傍晚 7 时，不见不散。

在保罗陪同下，海伦准时到达"沙利文"咖啡馆。而斯诺却是习惯性姗姗来迟，晚了半个多小时。海伦在美国时，曾读过斯诺写的许多关于在中国旅游的通讯报道文章。她还把斯诺的这些文章剪贴了满满一大本，随身带到中国来了。在海伦天真烂漫的想象里，斯诺一定是一个犹如 19 世纪英国著名探险家戴维·利文斯通式的人物，身材魁梧、勇敢健壮。她看不惯面带病容的人。她是一个体育爱好者，这次到中国来，随身携带着网球拍子和高尔夫球袋。

海伦见到的斯诺，竟是个身穿亚麻布白衬衣，面色苍白、消瘦、雀斑都显了出来的有些病态的人，走起路来还有些微跛的样子。她有点失望。她想，难道在东方做一个真正的旅行家一定要付出这样的代价吗？这个想法，是因为在斯诺未到之前，保罗向她解释说，不久前，斯诺在印度旅行时染上了痢疾，旅行中腿部受了伤，行动不便，他总是迟到，请小姐见谅，而且，斯诺的母亲刚刚去世，他也未能回美国奔丧。他还因为写一篇讽刺在上海的美国人贪婪而伪善的文章而招致在上海的美国人普遍的攻击，甚至《密勒氏评论报》的主编鲍威尔也对他表示不满。斯诺正处于情绪沮丧之时，他想离开中国。

海伦原谅了斯诺，努力排除那个没有价值的第一印象，很快克服了失望情绪。她看见斯诺虽然消瘦，但长得匀称、英俊，挺吸引人。斯诺"有一头棕黄色的自然卷发，一对棕色的眼睛，配上长长的睫毛，显得既漂亮，又热情，而且使人一见入迷"。她甚至觉得他有些像美国著名演员劳伦斯·奥利维尔。海伦的理想主义此时发挥了作用。她认为，斯诺的自我意识是坚实而健全的。他不靠穿着打扮，也不靠给人一个好的第一印象，特别是在会见一个素昧平生的女孩子时更是这样。海伦打心眼里喜欢上了他这一点。她自己总是希望给人好印象，希望漂亮，希望受到人们夸赞。她觉得斯诺虽然比自己大不了几岁，但却成熟得多。

斯诺见到海伦时，觉得出现在他面前的是"一位希腊女神"。她有一头梳得整整齐齐的雅典式红发，十五的月亮般圆圆的脸，像一只冷若冰霜的银盘，"她标致、健康，一双湛蓝的眼睛总是跳来跳去，是美貌与智慧的罕见的结晶"。斯诺认为，这是他到中国三年来，头一次遇到十足美国气的美丽女孩子，使他想起了刚刚去世的母亲。他由衷地说："自从 1927 年我离开堪萨斯城以后，再也没有见到过像你这样的人了。你使我想起隔邻的姑娘。我已经把像你这般年龄的姑娘们是个什么模样甚至统统忘掉了。"初次见面斯诺就被海伦深深地吸引住了，以至他痴痴地注视着海伦的脸，趋前同她第一次握手时，他那受伤的腿被椅子绊住了，险些栽了一个跟头，引得周围的人都笑了起来。

斯诺和海伦一见如故，谈得很投缘，竟让介绍他们相识的保罗副领事坐了冷板凳。特别是当海伦把她的剪报本递给他看时，斯诺发现里面竟有许多是他发表在《纽约论坛报》《密勒氏评论报》和《美国信使》等报刊上有关中国的报道文章。他感动得眼里噙着泪花说："如果我有一张你正在做那辛劳的剪贴工作时的照片，我会写得更好一些。"

海伦的出现，使斯诺的沮丧情绪一扫而光，打消了他想要离开中国的念头。两人一见钟情，频繁交往，互诉衷肠。有一次，斯诺把他在云南买的一个西藏的白银鞍座戒指取出来送给海伦表示求婚时，却遭到了她的拒绝。她对斯诺说："我在 25 岁以前绝不结婚，在我游历完外国，写出一本书之前，甚至在它出版之前，我绝不结婚。"斯诺只好收起了那个银戒指，对海伦表示，他正在写一本书（指他的第一部著作《远东前线》），写不出来不结婚，还称自己是"求爱心切，结婚不忙"的人。

1932 年 12 月 1 日，斯诺写完《远东前线》，寄往美国。然后找海伦再次求婚，尽管海伦还没有写出她的书，但一年来她炽烈地爱着斯诺，她再也没有力量拒绝他了。她眼中含着激动的泪花，把纤细白皙的手伸给斯诺，让他把那只白银鞍座戒指戴在了她的无名指上。斯诺还送给海伦一张订婚照片，是他叼着烟斗、坐在打字机前写作时拍的。照片上题写着："赠佩格（海伦的绰号），你的配角埃德。"海伦回顾这桩往事时说："埃德（斯诺的爱称）严格地遵守了那个决定，而我却犯了错误，没有先去写我的第一本书。"

斯诺第一个打电话给宋庆龄，告知他和海伦订婚的喜讯。宋庆龄是把斯诺当小弟弟看待的。她特意在家中举办一次宴会，对斯诺和海伦订婚表示祝贺，还送给他们一把美国造的银质咖啡壶作为礼物。

1932 年的圣诞节，斯诺和海伦在东京美国驻日本大使馆举行婚礼。他们先在日本各地做蜜月旅行。然后登上日本大阪商船株式会社的"加拿大马鲁丸"号轮船，驶向天气温和、风平浪静的南太平洋。在旅途中，这对新婚夫妇带了一大堆书，轮流着读给对方听。他们把大自然、各国的风情和各种书里的思想作为话题，尽情地发表各自不同的看法，进行着滔滔不绝的争论。这种争论也是他们婚后生活的一种不可缺少的享受。

比翼双飞　忠诚合作

从 1932 年末到 1933 年 3 月，斯诺和海伦游历了中国台湾、婆罗洲、塞利比斯、爪哇和巴厘。然后经新加坡、香港到广州，又沿海岸线到上海，稍事停留，继续乘船北上天津，最后到达古都北平安家，一直住到 1937 年"七七事变"，日本侵占北平后才离去。

在斯诺和海伦结婚后的头一年里，海伦试图把丈夫改造成为她所设想的那种男人。她想让斯诺成为在北京的外国人中穿着最漂亮最有风度的男士，强迫他骑马，打高尔夫球，锻炼身体，拉他去跳舞，要他同各色人物一块去做周末野游。但是斯诺生性不甚喜欢这些活动，就是妻子同他大吵大嚷，甚至拳打脚踢，他也无动于衷。他习惯于我行我素，有他真正的自由，包含着不必为妻子、家庭负责的自由。他将这些视为自然。这是他在事业上取得成就的条件。

海伦很快醒悟了。她意识到丈夫是改变不了的。她决定让丈夫自行其是。她把家庭生活的一切作为自己的责任。斯诺习惯于每天起床后第一件事就是去写作，从睡眠心理直接进入他的写作天地，不容许任何使他的思想偏离这条又直又窄的小道的行为，甚至不要早餐谈话，不看报，不打电话。而海伦总是早晨处理杂务。

海伦小心地保护丈夫在中午以前不受任何干扰。她给自己约法三章：一是要不惜任何代价保证丈夫的健康和工作；二是除非必要，不在自己身上花钱；三是决心不抱怨、不诉苦或感到不满足。她认为，如果把伟人力量来源的实情公之于世，妻子往往是丈夫完成更高成就的物质与精神力量的发电厂。海伦后来曾自豪地说过：他们的婚姻"在其存在的日子里，是'工合'式的成就，而且成了不少人和历史事件的原动力"。应该说，海伦作为一个有理想、有追求的女性，她和斯诺结婚后，从上海到北平，她不仅因此放弃了收入丰厚的外交人员工作，用掉了她多年来的积蓄，而且放弃了自己的许多生活爱好。她为斯诺作出了巨大的个人牺牲。

海伦和斯诺在性格上有着很大的差异。海伦热情，爱运动，喜欢交际，追求事物的完美并更有进取性；斯诺则文静，处事从容，喜欢思考，生活随意，在小事上漫不经心。但是，他们都追求真理，勇敢坚定，对中国事物的看法客观、公正，没有偏见；他们都同情中国人民的苦难，对中国的革命事业都给予充分的理解和热忱的支持。他们都思想敏锐，才华横溢，在事业上有雄心壮志，密切合作，配合默契。

斯诺和海伦都认为，通过翻译中国作家描述中国现代社会的文艺作品，是使西方了解中国的一个重要途径。他们首次合作是编译出版中国现代短篇小说集《活的中国》一书。为此，在上海时，海伦和斯诺一起去拜访鲁迅。在北平，他们请燕京大学的中国学生帮助翻译出小说的英文初稿，然后他们自己再动手改写、润色。杨刚和萧乾翻译的部分，就是由海伦加工的。他们都是先把中文小说口译成英文，海伦再记下来改写。1934—1935 年，海伦还写了一篇《现代中国文学运动》的长篇论文。为写好此文，她提出了有 23 个问题的单子，委托斯诺到上海向鲁迅讨教，鲁迅逐个问题作了解答，斯诺作了详细记录交给海伦使用。这篇论文作为附录收入《活的中国》一书，于 1936 年出版，对西方读者了解中国起了重要作用。

他们一起积极地报道和热情支持 1935 年在北平爆发的"一二·九"抗日救亡学生运动。在运动爆发前，他们家的小客厅成了爱国学生经常聚会、议论时局的场所。学生游行前夕，他们把学生送来的《平津10校学生自治会为抗日救国争自由宣言》连夜翻译成英文，海伦打印了数十份，骑着自行车把这些《宣言》英文稿分送给驻北平的外国记者，请他们往国外发电讯。海伦和斯诺还联系了驻平津的许多外国记者，提前通知他们游行示威的具体时间和地点，动员他们届时前去采访。学生游行示威时，斯诺和海伦一起到现场采访。每当看到国民党军警殴打、逮捕爱国学生，海伦勇敢地跑到跟前拍照，军警害怕在报纸上曝光，不敢恣意妄为；当看到军警把爱国学生打得头破血流时，海伦怒不可遏，当场斥责国民党军警："你们是法西斯！"她还和斯诺一起到医院慰问被打伤的学生。

1936年夏天，斯诺打算秘密去陕北苏区访问，寻找红军，寻找毛泽东。尽管多年来国民党报纸上充斥着"赤匪""杀人放火"的恐怖故事，去陕北要冲破国民党的封锁，冒很大风险，前途未卜，海伦还是坚定地支持丈夫的这一决定。她说："无论付出什么代价，你都应该去。如果可能的话，我跟你一起去。"由于当时中共中央是邀请一位记者、一位医生访问苏区，又考虑到如果斯诺夫妇都离开了北平，目标太大，容易走漏消息，引起国民党和日本人的注意。他们商定，斯诺先去，然后请中共地下组织帮助海伦去苏区与他会合。斯诺走后，海伦担负起他的《每日先驱报》特邀记者的全部工作，进行采访活动，掩护了斯诺的秘密行踪。

斯诺到达陕北苏区后，党的秘密信使王林于1936年9月到北平，带来斯诺给海伦的一封信中说："我希望你来此地分享我的快乐……你若来此，能够进行多么热烈的谈话和讨论呀！"并口头嘱咐王林一定要把海伦带来陕北苏区。

当海伦于10月初到达西安时，正处在西安事变前夕，"山雨欲来风满楼",形势十分紧张。海伦未能越过国民党军警的封锁线,只好返回北平。但是,她抓住机会在西安采访了张学良将军。她写出了《宁要红军,不要日本人,中国将军要团结》的采访记,报道了张学良要求停止内战、团结抗日的意向。这篇报道于 10 月 8 日发表在伦敦《每日先驱报》上,接着又刊登在上海《密勒氏评论报》和《华北明星报》上,最早向国内外公众透露出要求国共团结抗日的呼声。

1936 年 10 月末,斯诺访问苏区成功归来后,海伦投入全副精力帮助丈夫把在苏区拍摄的胶卷照片和纪录影片洗印出来,制作访问苏区的幻灯片;帮助丈夫整理采访笔记资料,为每一个被采访的中共和红军领导人的照片撰写传记性说明。

夫妻二人一天到晚待在工作室里,一块儿阅读、欣赏、整理这些稀世珍宝般的照片资料和采访笔记,热烈地商讨如何撰写成报道文章发表出去。斯诺在写作《红星照耀中国》(《西行漫记》)一书时,要海伦把毛泽东向他自述个人革命经历的材料,进行删节,然后由他摘要用自己的话写到书里去。读了毛泽东的自述后,海伦认为,斯诺不仅为自己,也为中国人和全世界发现了毛泽东。这是他访问苏区带回来的最珍贵、最重要的东西,是从中国人那里赢得的最高奖赏。她对斯诺说:"这是经典,是无价之宝啊!"她不赞成删节、摘要、改写,糅到书里去。她说:"毛泽东的生平应该是你那本书的核心和精髓,他亲口叙述的全部经历,形式完美,你不应该动它,而应一字不漏地引用才对。"海伦还特意把毛泽东的自述,用打字机一字不漏地打印出来交给斯诺。

斯诺在写作《红星照耀中国》一书时,每写出一个章节,就交给海伦阅读。她都提出了许多很好的修改意见。斯诺称赞妻子"是我的第一个读者,又是我的批评家"。当海伦看到丈夫接受了她的意见,使用了几乎是毛泽东自述生平经历的全部材料,她大为高兴。为了感谢妻子,斯诺把毛泽东生平的记录手稿作为礼物送给了海伦。

海伦为丈夫访问苏区取得丰硕成果高兴，全力支持丈夫写作《红星照耀中国》。但是，她也要取得自己事业上的成功，要独立地进行陕北苏区的采访，要写出一本堪与丈夫的书媲美的书。1937 年 4 月下旬，海伦再次勇敢地踏上旅途。在西安，她住进了当时该市最高级的西京招待所后，受到国民党宪兵、警察和特务的严密监视。在一个漆黑的夜晚，海伦乔装打扮成一位男士，穿着厚厚的大衣，把随身行李都扔在了招待所，只把照相机、钢笔、记事本和斯诺交给她带给毛泽东的一大包珍贵的红军照片藏在大衣里面，爬出窗户，闯过警察把守的大门，在中共地下工作人员接应下逃出西安，先到云阳会见了彭德怀等红军领导人，然后转赴延安。

朱德对海伦闯过国民党军警的监视，跳窗户来到延安的勇敢举动表示称赞。海伦自豪地说："我是沿着我丈夫的脚印来看看中国革命的，不冒险怎么行。"她还对毛泽东说："我已读了您的故事，我丈夫在书中写了您的生平，是我给打的字，但是我必须亲眼看见您。"她又转向朱德说："我丈夫未能见到您甚为遗憾（斯诺在苏区访问时，朱德率红四方面军仍在长征路上），我要从您这里获得最后的一章。"后来，海伦专门采访了朱德，斯诺《西行漫记》中关于朱德的内容，就是使用了海伦采访的材料。

西安事变之后，国共合作的谈判正在进行，为适应新形势，斯诺"不得不重写《西行漫记》手稿的最后四章"。海伦把她采访到的丈夫急需的材料，交给中共秘密交通及时转给斯诺。她还委托从延安回北平的爱国青年王福时，把她拍摄的 14 盒胶卷捎给丈夫，供他使用。后来出版的《西行漫记》中的一些内容就是海伦提供的素材。书中收入的几十幅珍贵的历史照片，其中有十多幅是海伦拍摄的。从一定意义上讲，

《西行漫记》是他们夫妻合作的产物。

海伦在延安采访了四个月，不仅同毛泽东、朱德、周恩来作了多次谈话，并对由全国各地来延安参加中共苏区代表会议的中共领导人和各路红军将领进行了采访，有 60 多人，其中有许多人是斯诺没有见到过的。她以报告文学形式写成《红区内幕》（《续西行漫记》），堪称《西行漫记》的姊妹篇。她还根据采访党和红军领导人以及妇女领袖写成《红尘》（《革命人物传》）、《中国之妇女》等书，把中国革命的真实情况介绍给各国人民。

1937 年 11 月末，海伦由北平去上海与正在那里采访报道"八一三"淞沪抗战的斯诺会合。他们目睹上海在战火中到处都变成废墟。一群群中国难民，饥寒交迫，流离失所，数十万中国工人失业，挣扎在死亡线上。海伦写了一篇题为"日本的吸血政策"的文章，愤怒地揭露日本侵略者的强盗面目，发表在《中国周报》上，1938 年美国《读者文摘》作了转载。海伦和斯诺都认为，不能做战争的旁观者，要行动起来，为中国的抗战做些实事。他们同在上海公共租界工部局任督察的新西兰进步人士路易·艾黎等一些中外人士，发起开展中国工业合作运动，帮助在未被日军侵占的中国内地建立一些小型工厂作坊，组织失业工人和难民进行合作生产，以发展经济力量，支持中国的抗日战争。他们得到宋庆龄的热烈支持。他们多方奔走，几经周折，国民党政府才表示同意支持"工合"计划，但筹办资金却迟迟不能到位。为筹措经费，斯诺夫妇把他们自己的绝大部分积蓄捐献了出来。斯诺形容他们夫妇为创建"工合"奔走的情形时说，"我们为此简直像'传教士'那样了"。"差不多到了卖掉自己的母亲也在所不惜的地步。" 1938 年 8 月，中国工业合作社协会在武汉正式成立，宋美龄担任名誉理事长，财政部部长孔祥熙任理事长，海伦担任了副理事长，路易·艾黎任技术顾问，斯诺担负了"工合"的宣传工作。不久后，又在香港成立了以宋庆龄为名誉主席的中国"工合"国际委员会，海伦和斯诺都是委员。

劳燕分飞　友谊长存

1940 年末，美国政府下令美国的妇女儿童撤离东方。这年 12 月，斯诺由菲律宾送海伦到上海，让她只身一人乘船返回美国。海伦携带着有 40 个大箱子的行李（装的东西绝大多数是他们在中国冒着生命危险收集到的资料和写的文稿）。

斯诺站在码头上，目送"总统"号轮船载着他的妻子驶向浩瀚的太平洋。没有妻子在一块，斯诺有生以来第一次感到孤独和失落。

斯诺没有和海伦一道回国，他接受了《纽约先驱论坛报》给的到东南亚和印度采访的任务，打算转道赴欧洲采访。海伦内心里希望丈夫同她一块回国，但为了支持丈夫的事业，她没有这样做。海伦曾写道："埃德一生所珍视的是做一个无拘无束的自由自在的人。没有哪个人比他更自由的了，享有家庭和妻子的所有益处，却没有一点拖累。他认为这是理所当然的。"这就为他们后来的离异埋下了种子。

斯诺感到自己对妻子关心得太少，让她在菲律宾住了两年后只身返回美国，会导致夫妻关系有破裂的危险。如果他立即回国，爱情和信任的老根子也许能够在故土经过培育再度滋生。斯诺犹豫不决。他打越洋电话给已经回美国加利福尼亚的妻子说："我觉得病了，我感到很沮丧，神经紧张，而且我不能作出决定。我想，我并不希望去欧洲。我惦念着你，我不知道你是否感到怠慢了——对吗？"斯诺在电话里还说，"我感到心神不定，我的健康被毁掉啦！我只不过是个大大的失败者"。海伦以不容置疑的口气在电话上对丈夫说："你并不是一个失败者——你是个重要的知名人士。"海伦这样讲，是她回国后发现《红星照耀中国》

一书在美国已成为风靡一时的畅销书，斯诺的名字和评论他的书的文章频频出现在报刊上。海伦对丈夫说："你所需要的就是乘飞机回国……我见到的每个人都渴望会见你。你马上会过上欢乐的生活。"

斯诺立即退掉了去新加坡的飞机票，买了泛美航空公司远程快速的"剪式"飞机票。他拍了加急电报告诉妻子：他将以最快的速度飞到她的身边。

回到阔别了 13 年的美国，斯诺和海伦先是住在洛杉矶好莱坞勃莱维脱的一所公寓里，以后在康涅狄格州麦迪逊镇买下了一幢 1752 年建造的小农舍。这儿环境幽静，特别适合于潜心写作，在到国内外旅行的间隙，斯诺在这儿写了三本书。

斯诺和海伦成了举国瞩目的新闻人物。美国的一些报纸报道海伦和斯诺从中国归来的消息，介绍他们在中国开创的"工合"事业。许多政府要人、国会议员、财团巨头邀请斯诺和海伦出席他们的招待会，各界名流不断拜访他们，社会团体纷纷请他们去作关于中国问题的报告。他们到许多城市去作旅行演讲。在华盛顿，他们是白宫的座上宾，罗斯福总统夫人埃莉诺请他们共进午餐，讨论中国问题，全国各报立即报道。在珍珠港事件后，直到罗斯福总统逝世前，斯诺三次被接见，听取他对中国问题的意见，许多报刊纷纷要求斯诺为他们写文章。1942 年斯诺被聘为《星期六晚邮报》的第一位战地记者，并担任副总编辑。他到苏联、欧洲、印度和东南亚采访，美国的评论界称斯诺是"我们这个时代最好的政治记者之一"。《星期六晚邮报》对该刊的读者调查，读者赞扬的战地记者中，斯诺名列"第一，处于领先地位"。斯诺从 1942 年至第二次世界大战结束、麦卡锡主义横行前的时期，在事业上达到了顶峰。然而在这一期间，斯诺除了偶尔回到麦迪逊的家外，一直在国外到处采访、奔波，几乎把海伦遗忘了。

海伦则把她的全副精力投入了美国支援中国"工合"委员会的工作。直到 1951 年这个委员会解散时，她担任委员会的最后一任副主席。虽然海伦也发表了不少文章，她依然被那些一直想写而无法完成的著作而困扰着。斯诺也感到自己对妻子在事业上的关心和支持不够，而十分内疚。他曾坦诚地对海伦说："从今以后，我要把咱们两人的名字写到我的一切著作上。""我本来应该从一开始就这样做。我是作者，而你为著作贡献了内容，你历来是这样的。"并表示：即使妻子同那些著作没有关系，他将把她的名字作为合著者写在书上。

海伦不允许斯诺这样做。她调侃说："我认为你这种过分的补偿的打算，是喝多了橘子汁！"海伦支持丈夫的事业，但她却从来不认为也不愿意沾斯诺的光，"夫荣妻贵"。她要独立完成自己对事业的追求和目标，而且她深知自己是有这个能力的。

1946 年，斯诺从国外访问归来，把箱子放在他们麦迪逊住宅的后门口，想待在家里，并且说："这里是我能够很好工作的唯一地方。"斯诺在几次旅行后，正是在这里写成了《人民在我们一边》《苏维埃力量的格局》《斯大林需要和平》等书。他在 1947 年 2 月离开麦迪逊后，就再也没有回来同海伦一块居住了。

1949 年 5 月，斯诺同海伦作出了美国人"司空见惯的中年离婚的决定"。

应该说，斯诺和海伦的分手是友好的。他们依然十分敬佩对方。1958 年，斯诺的自述性著作《复始之旅》一书出版，他特意寄赠给海伦一册。他在扉页上写着："赠尼姆（海伦的笔名）：友谊地久天长，埃德。"在这本书中，斯诺回忆了他同海伦那令人羡慕的终生难以忘怀的爱情婚姻生活。斯诺写道："海伦是美貌与智慧两者罕见的结晶"，是位"极不寻常的女人。她时常折磨我，又经常给我以启发。她充满活力、创造力，是一位忠诚的合作者。她既是我的伴侣，又是我的批评家"。

海伦离婚后没有再婚。她始终保持着"斯诺"这个姓。1980 年，萧乾赴美国看望海伦时，她向萧乾谈到他们的离异时说道："我有一种理论，即婚姻应当成为一种力量。埃德也吃到了我这种理论的苦头。我认为，两个人一道携手工作，效率不是双倍，而是高出许多倍。两个人可以互相帮助，从而还可以换一换口味。直到我们 1949 年离婚为止，埃德和我之间有一个强大的磁场。离婚是因为埃德想在生活中另起一个篇章，而他也确实另翻了一页。"

海伦始终为她与斯诺的那段 17 年的婚姻，是同情和支持中国人民的进步事业中的忠诚合作者而自豪。1984 年，海伦在《我在中国的岁月》一书中写道："我想起了那么多年前，两个 20 多岁的年轻人——他们是多么勇敢；他们对任何人，甚至是相互之间的要求是多么微小；他们给予别人的是那么多，但又不在别人面前提起它，甚至在两人之间也不谈及这些事。这段经历本应使我们俩得到比离婚更好一点的结局。但是，我们俩离婚的结局却暗含在这段经历中。没有怜悯、没有悲剧、没有冲突、没有善与恶的斗争，哪有好的戏剧呢？"

海伦和斯诺离婚后，一直住在斯诺留给她的麦迪逊小镇上的小农舍里。62 岁以后，海伦依靠一小笔社会保险金，过着孤独清贫的生活。陪伴她的是一只名叫玛丽·梦露的小花猫。在美国反动的麦卡锡主义横行时期，由于海伦同情中国的革命事业，主张同中华人民共和国友好，而遭到政治迫害达 20 年之久。她找不到工作，不能出国旅行。她写的关于中国的著作不能出版，文章无处发表。她一共写了 40 多部书稿，其中有 12 本是关于中国的。当去美国看望她的中国朋友问她，你是否还继续写下去时，她坚定地回答："当然写下去，一直写到我生命的最后一息！我不是为山版商写的，而是为了中美两国人民年轻的一代。"

1972 年，美国总统尼克松访问中国，打开了中美关系后，1972 年末、1973 年初和 1978 年，海伦两次访问中华人民共和国。写出了《重返中国》《70 年代的西行漫记》和《毛泽东的故乡》等著作，并陆续翻译成中文出版了。20 世纪 80 年代初，海伦两次在美国获得诺贝尔和平奖的提名。1984 年她的《我在中国的岁月》一书在美国出版，1985 年在我国出版了中文本。1991 年 9 月，中国作家协会授予海伦首届"理解与友谊国际文学奖"。1996 年，中国人民对外友好协会授予海伦"人民友好使者"的荣誉证书和证章。

秘魔崖月夜：胡适与曹诚英

———
陈漱渝

胡适是中国新诗的始作俑者，但他自认为其诗"清顺达意而已"，形式上未能挣脱旧体诗词的镣铐，在中国新诗发展史上只是"桥梁"而非"轨范"。因此，胡适从不劝人学他的"胡适之体"。但他的诗作中也有一些含蓄朦胧、诗意浓郁的佳作，其中有一首叫《秘魔崖月夜》：

> 依旧是月圆时，
> 依旧是空山，静夜。
> 我独自踏月归来，
> 这凄凉如何能解！
>
> 翠微山上的一阵松涛，
> 惊破了空山的寂静。
> 山风吹乱了窗纸上的松痕，
> 吹不散我心头的人影。

这首诗作于 1923 年 12 月 22 日，原载《晨报六周年纪念增刊》，1931 年徐志摩死后，作者又抄了这首诗作为纪念，改题为"依旧月圆时"。直到晚年，胡适还将这首诗的末句书赠友人，后作为胡适手迹广为流传。

现在已经确知，深深镌刻在胡适心版上的这个"人影"就是他表妹曹诚英的身影。

曹诚英（1902—1973），字珮声，乳名行娟，安徽绩溪旺川人，是胡适三嫂的妹妹。胡适跟江冬秀成婚时，曹诚英是四位伴娘中最出众的一位。胡适称她为表妹，她叫胡适作"穈哥"（胡适小名嗣穈）。然而红颜薄命，她在娘胎中就由家庭包办跟邻村一个大户之子胡冠英订婚，17 岁完婚，婚后考入杭州第一女子师范学校，预科一年，本科四年，教师中有朱自清、叶圣陶等著名新文学家。由于曹诚英结婚三年仍无身孕，胡冠英在母亲的安排下另娶了一个小妾（名助云）。曹诚英作为一名被"五四"新思潮唤醒的新女性，一怒之下断然解除了婚约。虽然"湖畔诗社"的诗人汪静之曾经苦苦追求她，但为她坚拒，致使诗人只好把这份情思"压在磐石下面"。

1921 年 5 月，曹诚英写信给胡适，请他为《安徽旅杭学会报》写一篇序言，胡适认为安徽和浙江的学术史都很有研究价值，故欣然允诺。从 1922 年底开始，胡适就感到身体不适，曾短期住进协和医院。1923 年春旧病复发，于 4 月 21 日离开北京到上海；4 月 29 日又从上海到杭州，休憩了四天，跟刚刚离婚的曹诚英见面并同游西湖。临别前胡适写了一首诗，明写西湖，暗指表妹。诗中的"伊"明明白白影射的是曹诚英。诗中说："十七年梦想的西湖，不能医我的病，反而使我的病更厉害了。"诗中的"病"即指跟曹诚英重聚后产生的相思病。诗中又说："前天伊却未免太绚烂了！我们只好在船篷阴处偷觑着，不敢正眼看伊了。"这里的"伊"当然也是指 21 岁芳龄的曹诚英。如果是指西湖，即使再绚烂，也绝没有不敢正视的道理。"听了许多毁谤伊的话而来，这回来了，只觉得伊更可爱，因而不舍得就离别了。"结尾这三行诗写得更加露骨："毁谤伊的话"，无非是说曹诚英久婚不孕，主动离婚之类的流言。"只觉得伊更可爱"——一个"更"字，无意中泄露了胡适爱恋曹诚英已久如今更加难以控制的情感秘密。至此，胡曹二人双双坠入情网。

1923 年 6 月 8 日至 10 月 5 日，胡适在杭州度过了他一生中从未经历过的"神仙生活"。他第二次经上海到杭州西湖南山的烟霞洞疗养。烟霞洞在南高峰下，洞中有精巧的石刻，洞高 200 余米，峰高 302 米，可鸟瞰西湖全景。洞旁有屋数楹，是金复三居士的住宅，胡适在这里租了三间房。在这一段时间内，虽然徐志摩、高梦旦、陶行知、任叔永、陈衡哲、朱经农、汪精卫、马君武等友人都曾探访过胡适，但长期陪伴在他身边的却是曹诚英。表面上是曹诚英帮胡适照料日常生活，胡适帮曹诚英补习功课，实际上发生了恋爱关系。胡适的小脚太太江冬秀当时并没发觉。她给胡适的信中还说："珮声照应你们，我很放心。不过，她的身体不很好，常到炉子上去做菜，天气太热了，怕她身子受不了。我听了很不安。我望你们另外请一厨子吧。"不过，从这一时期胡适的创作和日记中，可以隐约窥见他跟曹诚英交往的蛛丝马迹，比如，一起"下棋""喝茶""观潮""看桂花""游花坞""游李庄"等。同年 7 月 31 日，胡适写了一首《南高峰看日出》，诗末附记云："晨与任白涛先生、曹珮声女士在西湖南高峰看日出，后二日，奇景壮观，犹在心目，遂写成此篇。"显然，这首诗是胡适为他跟曹诚英留下的一份文字纪念。胡适的知己徐志摩最能洞察他的这点小技巧，他断言："凡适之诗前有序后有跋者，皆可疑，皆将来本传索隐资料。"

　　8 月 2 日，胡适写了一首《送高梦旦先生诗为仲洽书扇》。高梦旦是胡适的挚友，仲洽是高梦旦的爱子。胡适在诗中写高氏父子"像两个最知心的小朋友一样"，用福建话背诗，背文章，作笑话，作长时间的深谈，"全不管他们旁边还有两个从小没有父亲的人，望着他们，妒在心头，泪在眼里"。"两个从小没有父亲的人"，指胡适和曹诚英。在这里，胡适对他的表妹产生了同病相怜之情，可见他们之间的距离一天比一天拉近。9 月 26 日，胡适又写了一首《梅树》，树叶"憔悴"，有的"早凋"，象征着曹诚英婚姻的坎坷。"让他们早早休息好了，明年仍赶在百花之先开放吧！"这是胡适对他们之间爱情的祈盼。作这样的分析一点也不牵强，因为曹诚英爱梅，常以梅自喻。胡适曾写过一首《怨歌》，诗中的"梅花"也是明白无误地影射曹诚英，说她因为婚姻不幸，"已憔悴的不成模样了"。曹诚英曾明确地告诉友人：胡适这首诗是写她的。

　　胡适是一个言行十分谨慎的人。他跟曹诚英热恋期间的作品大多秘不示人。胡适将《烟霞杂诗》拿给徐志摩跟陆小曼看时，徐故意问："尚有匿而不宣者否？"胡适"赧然曰有，然未敢宣，以有所顾忌"。根据现存史料判断，胡适曾把写给曹诚英的诗集成一部《山月集》，但迄今为止，除开当事人外，似乎尚无其他人看到过这首情诗。不过，在现存胡适日记中，仍然暴露了一些更深层次的隐私。比如同年 9 月 14 日日记："同珮声到山上陟屺亭内闲坐（烟霞洞有三个亭，陟屺最高，吸江次之，最下为卧狮）。我讲莫泊三（桑——作者注）小说《遗产》给她听。上午下午都在此。"可见他们整整一天都是形影不离。另一则日记写的是："早晨与娟同看《续侠隐记》第二十回《阿托士夜遇丽》一段故事，我说这个故事可演为一首记事诗。"不称"珮声"而直呼乳名"娟"，可见他们之间的感情已经发生了飞跃。跟情人同读一篇浪漫故事，对于一个有妇之夫来说，这种做法也相当的浪漫。

　　1923 年 10 月 3 日，是胡适与曹诚英分手的前夕。因为到了 10 月 4 日，曹诚英就要回杭州女师读书，而胡适也要回上海办事，"蜜也似的相爱"的时光即将结束。一提及离别，他们"便偎着脸哭了"。10 月 4 日凌晨，胡适写下一段十分哀婉的日记："睡醒时，残月在天，正照在我的头上，时已三点了。这是在烟霞洞看月的末一次了。下弦的残月，光色本惨惨，何况我这三个月中在月光之下过了我一生最快活的日子！今当离别，月又来照我，自此一别，不知何日再继续这三个月的烟霞洞山月的'神仙生活'了！枕上看月徐徐移过屋角，不禁黯然神伤。"像这样的文字，在胡适的全部著作中十分罕见。

　　胡适跟曹诚英热恋的时候，确曾动过"家庭革命"的念头。他在《怨歌》的结尾激昂慷慨地写道："拆掉那高墙，吹掉那松树，不爱花的莫栽花，不爱树的莫种树！"这里的"高墙"是指封建礼教的阻隔，松树是象征遮挡"雨露和阳光"使爱情之花"憔悴""早凋"的封建势力。但是一旦回到他的原配夫人江冬秀身边，胡适就变成泄了气的皮球，一点动弹能力都失去了。胡适的侄媳李庆萱回忆说："胡适和曹珮声都是博学多才的学者，情投意合，彼此爱慕。后来被江冬秀发现了，以死相逼，胡适只好申罢离婚之议，饮泣割爱。"胡适的远房表弟石原皋回忆说："江冬秀为此事经常同胡适吵闹，有一次大吵大闹，她拿起裁纸刀向胡适的脸上掷去，幸未掷中，我把他俩拉开，一场风波，始告平息。"胡适的外甥孙程法德在致胡适研究专家沈卫威的信中说："家父知此事甚详，他曾告诉我，1923 年春，胡适去杭州烟霞洞养病，曹诚英随侍在侧，发生关系。胡适当时是想同冬秀离异后同她结婚，因冬秀以母子同亡威胁而作罢。结果诚英堕胎后由胡适保送到美国留学，一场风波平息（堕胎一事胡适仅告家父一人）。"

　　1923 年 12 月中旬，胡适从南方返回北京。22 日，他带着大儿子胡祖望来到北京的西山八大处，借宿在翠微山秘魔崖下刘厚生先生的家里。

翠微山是北京石景山区西山东麓的一座名山，因明代翠微公主葬此而得名，与卢师山、平坡山合称为西山八大处的"三山"。秘魔崖在八大处证果寺（第八处）西北隅，是一块自山巅悬空伸出的天然巨石，像一只张开大口的狮子，石山刻有"天然幽石"四字。相传隋代仁寿年间名僧卢师从江南乘船北上，船到岩下便止而不行，于是卢师就在岩下石室中修炼，收了两个小沙弥当徒弟，一名大青，一名小青。几年后久旱不雨，大青和小青就投身于潭水，变成两条青龙，为人间解除了干旱。有诗云："秘魔崖仄藓文斑，千载卢师去不还，遗有澄潭二童子，日斜归处雨连山。"

同样是在深山养病，胡适在秘魔崖的感受跟在烟霞洞的感受完全不同。他眼前出现的是"翠微山上无数森严的黑影"，"像狰狞的鬼兵"；耳边是"秘魔崖的狗叫"，惊醒了他暂时的迷梦。抬头是微茫的小星，凄清的月光，而他的心情则分外孤寂和烦闷。这就是所谓"境由心造"吧！这时，山风吹来，松涛阵阵，窗纸上的松痕不停地晃动。于是，胡适心头涌出了一句感人肺腑的诗："山风吹乱了窗纸上的松痕，吹不散我心头的人影。"这个"人影"，当然也是曹诚英的身影。因此，我们如果不了解胡适跟曹诚英的这段婚外情，《秘魔崖月夜》一诗就完全无法解读。

结束了烟霞洞的这段"神仙生活"之后，曹诚英的遭遇比胡适更加不幸。1925年7月，她从杭州女师毕业，经胡适介绍于同年9月入南京东南大学农艺系。1931年毕业后一度留校任教。后又经胡适推荐，于1934年赴美留学，进入胡适曾经就读的康奈尔大学的农学院。1937年获得遗传育种学的硕士学位归国，先后在安徽大学和复旦大学任教，成为我国农学界第一位女教授。1939 年，曹诚英结识了·位姓曾的归国留学生，两人产生了恋情，不料江冬秀在男方亲戚面前败坏曹的名声，致使男方单独宣布解除婚约，气得曹诚英要上峨眉山做尼姑。这件事，在胡适 1940 年 2 月 25 日日记中有明确记载："吴健雄女士（按：吴健雄是胡适的学生，曹诚英的同学和朋友）来说：友人传来消息，珮声到峨眉山去做尼姑了。这话使人伤感。珮声去年旧历七夕寄一诗云：

孤啼孤啼，

倩君西去，

为我殷勤传意。

道她未病呻吟，

没半点生存活计。

忘名忘利，

弃家弃职，

来到峨眉佛地。

慈悲菩萨有心留，

却又被恩情牵系。

此外无一字，亦无住址，故我不能回信。邮印有'西川，万年寺，新开寺'八个字可认。"

曹诚英产生出家念头时，胡适远在大洋彼岸任中国驻美大使，已经鞭长莫及，幸亏其兄曹诚克劝她下山，才没有削发为尼。1941 年春，吴健雄再次传递了曹诚英的讯息。吴健雄在致胡适信中说："连接珮声信，历述三年来苦况。伊身体素弱，近更百病皆生。据其他同学来信云，珮声肺病已达第三期，令人闻之惊骇！珮声之聪明才能，在同学中不可多得；唯不能驱情魔，以致怀才莫展，至以为惜！伊每来信，辄提及三年来未见先生只字，虽未必如此，然伊渴望先生之安慰告知。"胡适于是托吴健雄带一封信给曹诚英，并附上 300 美元。事后吴健雄又写信告诉胡适："她晓得我带了你的信来以后，已快活的忘却一切烦恼，而不再作出家之想了，可见你魔力之大，可以立刻转变她的人生观，我们这些做女朋友的实在不够资格安慰她。"

中华人民共和国成立前夕，胡适不听曹诚英的规劝流亡到美国，从此两人鸿雁断绝。1952 年，曹诚英调往沈阳农学院任教，研究出一种高产马铃薯，至今仍在东北广为种植。1958 年退休。1969 年返归安徽故里，在绩溪山城落户。她原想在故乡寻找一处房前屋后可以耕作的住所，同时自筹资金建一个养猪场，一座气象台，但幻想一一破灭，到头来只落得孑然一身，缠绵病榻；一生积蓄，全部捐给故乡修桥铺路，购置农业机械。1973 年 1 月 18 日，曹诚英患肺癌在上海去世，跟胡适一样，终年也是 71 岁。遵遗嘱，亲友将她安葬在绩溪县旺川公路旁。她认为胡适如果魂归故里，一定会经过这里跟她相聚。1991 年 11 月，我在参加胡适百年诞辰学术研讨会期间特意寻访这位悲剧人物的墓地。当时，从绩溪上庄通往旺川的路边杂草丛生。我费九牛二虎之力，辟开蒿莱，才找见一座矮小的孤坟荒冢，墓碑上刻有"曹诚英先生之墓"七个字。

曹诚英去世之后，有些人关心她遗稿的下落，想从中挖掘她跟胡适交往的史料。据胡适研究者周筱华说，她曾经珍藏多年的诗、信（装在一小铁盒内）、日记和诗词草稿（竹纸自订本），以及相册和记载往事的本子，全都在"文化大革命"中被红卫兵抄走了（她原想要这些东西随她同葬，可是至死没有找回）。又经沈卫威教授调查，她有六本日记，但在上海沦陷时期通通流失了。还有一些书信材料，曹诚英一直带在身边，1969 年她退休回乡经杭州，将这些东西交给了汪静之及其夫人符绿漪，"命令"他们在她死后"一定要烧掉"。看来，汪静之夫妇按照她的意愿做了，现在我们看到曹诚英文字，除前文引用的赠胡适词外，还有书信一封，诗词七首（其中两首残缺）。照录于后，让读者更加全面地了解这位"驱不走情魔"的女性：

书　信

　　哥：仰之动身了没有？我们校里已走了不少人了。人家问我的归期，我是无话可答的。我想起了历年的假期，不禁伤心起来的，从来没有批示我应往的地方，没有一次我不是徘徊着，我真命苦呵……我们在这假期中通信，很要留心！你看是吗？不过我知道你是最谨慎而很会写信的，大概不会有什么要紧，我想我这次回家落脚在自己家里。我所有的东西自当放在身边。就是住处，我自然也是以家中为主，往他家也不过偶然的事罢了。你有信可直寄旺川。我们现在写信都不具名，这更好了。我想人要（是）拆，就不知是你写的。我写信给你呢？或由我哥转，或直寄往信箱。要是直寄信箱，我想你我的名字不写，那么人家也不知谁写的了。你看对吗？糜哥！在这里让我喊一声亲爱的，以后我将规矩的说话了。糜哥！我爱你，刻骨的爱你。我回家去之后，仍像现在一样的爱你，请你放心。冠英决不能使我受什么影响。对于你，请放心！天黑了，电灯坏了，一点也看不见写了，祝我爱的安乐！1925.7.8

诗　词

一

卜算子

镇日闲柴扉，

不许闲人到，

跣足蓬头任自由，

……

（残缺）

二

无 题

鱼沉雁断经时久，

未悉平安否？

万千心事寄无门，

此去若能相遇说他听：

朱颜青鬓都消改，

惟剩痴情在。

念年辛苦月华知，

一似霞栖楼外数量时！

作于 1943 年秋

三

好事近

随喜说归依，

试问此心归未？

烦恼无边难断？

负千般宏誓。

众生冤苦不如侬，

佛不为儿说，

你教众生难度？

我如何忘己。

四

临江仙

阔别重洋天样远，

音书断绝三年，

梦魂无赖苦缠绵。

芳踪何处是，

羞探问人前。

（未完）

作于 1944 年夏

五

减字木兰花

老来可喜，

往日穷愁如梦里。

历尽凄凉，

回首当年泪夺眶。

翻天覆地，

党爱人民无巨细。

忘却孤零，

革命家庭乐不胜。

六

催农·西江月

几日东风呼啸，

催春杨柳千条。

闲花数树百枝摇，

报道春到了。

渐已寒冰解冻，

土层松软如糕。

及时播种莫相饶，

博个丰收可靠。

作于 1961 年 3 月 23 日

七

无题·临江仙

老病孤身何所寄？

南迁北驻迟疑。

安排谁为决难题？

哥哥多病废，

质仰死无知！

徒夸生平多友好，

算来终是痴迷。

于今除却党支持，

亲朋休望靠，

音讯且疏稀。

作于 1961 年

胡适的爱情悲剧

————

施国斌

　　胡适在五四时期提倡白话文，主张文学革命，是当时新文化运动的著名代表人物。虽然他后来在政治上背离时代潮流，但人们并没有因此否定他在中国现代文化史上的贡献。在新文化运动中，他不仅是倡导者，也是实践者。在许多领域里，如白话新诗、白话剧本、白话小说、哲学史、文学史、逻辑学史、佛教史和《红楼梦》研究等等，他都有率先开拓的劳绩。但他在自己的婚姻问题上，却屈服于旧的道德观念。他既渴望并追求过真正的爱情，又不能勇敢地挣脱封建礼教的束缚，在真诚和虚伪中徘徊，终于酿成了悲剧。

慈母之命，媒妁之言，算命先生的掐算，灶神老爷的"赐缘"，决定了 13 岁的胡适与 14 岁的江冬秀的终身大事

　　胡适原名洪骍，乳名嗣穈，安徽省绩溪县上庄人。父亲胡传，是清同治四年（1865 年）的秀才，后来官至"三品衔在任候补知府台湾台

东直隶州知州"。1895 年，胡传病逝于厦门。此时的胡适不足 4 岁，其母冯顺弟只有 23 岁（她是胡传的继室）。胡适的家庭很快陷入了困境。父亲去世后，母亲冯顺弟把全部希望寄托在儿子胡适身上。生活虽艰难，也要送儿子读书；为了儿子将来能成才，管教很严。胡适就是这样在寡母的苦心教诲下成长起来。

1904 年初春，胡适由寡母做主，同毗邻的旌德县白地江村的村姑江冬秀订婚。

江冬秀的母亲吕贤英是旌德县庙首吕朝端、吕佩芬父子翰林的后裔。江冬秀虽然出身于仕宦之家，但由于受到封建礼教的束缚，仅仅初识文字而已。

江冬秀与胡适有亲戚关系，胡适的姑婆是冬秀的舅母。有一次，江冬秀随母亲到 20 公里外的绩溪旺川村舅母家走亲戚看神会，恰巧胡适也随母亲到了姑婆家。江母看中胡适聪明伶俐，要把女儿江冬秀许配给胡适。胡母则有所顾忌：一是绩溪旧俗，男可大十，女不可大一，而江冬秀大胡适一岁；二是江冬秀属虎，属虎的"八字"硬；三是因江家兴旺，胡家败落，有门第不相称之虑，因此不肯表态。而江母却一心要结成这门亲事，便托胡适的本家叔叔、在江冬秀家乡教私塾的胡祥鉴先生做媒。胡祥鉴为撮合这桩亲事，便在胡母面前极力美言，胡母这才同意看看江冬秀的"八字"。拿来了红纸"八字"，经过算命先生的掐算，江冬秀命中宜男，两人生肖也很合，不冲不克。红纸"八字"叠好后，又放进摆在灶神爷面前的竹筒里，那个竹筒中还放了另外几个女孩的"八字"。拿起竹筒摇了几摇，然后用筷子拣出一个"八字"，拆开一看，正是江冬秀，真乃"天赐良缘"。当时只有 13 岁的胡适，与 14 岁的江冬秀的终身大事，便由家母之命，媒妁之言，算命先生的掐算，灶神老爷的"赐缘"而确定了。对这门婚事，年幼的胡适既无力抗争，也不愿违命。因为母亲的话对他来说就是不可更改的"圣旨"。

订婚之后，胡适先到上海求学，后赴美国留学。由于受到新思潮的影响，胡适对自己的包办婚姻日渐不满，心理上的传统道德防线开始动摇了。他在异国他乡结识了康乃尔大学一位教授的女儿韦莲司，她是学习美术的，读书甚多，思想活跃。她虽生富家，却不修边幅；生自城市，却向往自然，是一位开放型的女性。他们到郊外散步，在公寓约会；看傍晚落日，乘月色泛舟；尺牍传情，卿卿我我。1914 年冬至 1915 年春，年轻的胡适坠入了情网，他把万里之外的旌德江村那位连信都写不通的小脚女人抛到九霄云外，连家书也不写了。

这时胡适的家乡流言四起，有的说他和一位外国姑娘结了婚，甚至有人说他已经生了孩子。胡适母亲很着急，忙托人写信询问。在婚姻的十字路口上，是维持原来的婚约，还是与异国的韦女士结成终身的伴侣，胡适难以作出果断的抉择。他同韦莲司女士有着共同的语言和真挚的感情，但又不敢拂逆母意，取消原来的婚约，怕人家说他是陈世美。他在痛苦的思想矛盾中煎熬着自己。一年后，由于他同韦女士在认识上产生了裂痕，以后韦女士之母又从中作梗，他同韦女士的爱情纠葛才算了结。后来，胡适在回信中向母亲解释道："所以不归者，第一为学业起见，其次即为学位，学业已成，学位已得，方可归来。"并否认有别娶之意，"儿若别娶，于法律为罪人，于社会上为败类，在将来之事业、名誉，岂不扫地以尽乎？此非下愚所不为。"胡适违心的话语，纯属宽慰母亲而已。

1917 年 7 月，胡适返国。8 月，胡适成为北京大学最年轻的教授。暑假期间，胡适返乡探望老母，定于这年寒假结婚。他想先与江冬秀见一面，于是来到了旌德江村。酒席散后，去见江冬秀。江冬秀哥哥江耘圃先进房内说话，胡适坐在外面翻书等候。当时楼上楼下挤满了人，是来瞧热闹的。江耘圃出来，面呈难色。胡适的姑婆又进去劝江冬秀，不久出来，招呼胡适进房内。当时江冬秀躲在床上，帐子放了下来。姑婆要掀开帐子，胡适摇手阻止她，便退了出来，胡适想，这事并非江冬秀之过，乃是旧家庭和旧风俗之过。

回到家中，人家问他见到了新人没有，胡适微笑回答见过了。胡适把事情真相告诉母亲，胡母大为生气。胡适反过来劝母亲不要生气，不要责怪江冬秀。这年秋天，江冬秀到绩溪上庄看望胡母，诉说此事，果然是旧家庭作梗。就这样，直到年底结婚，一对新人行相对鞠躬礼时，才见到第一面。

当年冬季，胡适从北京大学归乡，与江冬秀举行了文明的婚礼。胡家大门与院门分别贴了胡适自撰的两副对联。其一是"三十夜大月亮，念七岁老新郎"；其二是"远游六万里，旧约十三年"。据说胡适在书写第一副对联时，还有支小插曲。胡适写完上联"三十夜大月亮"后，下联一时没有想好。这时，他身旁的本家哥哥，绰号叫作"疯子"的，虽无功名，却有捷才，他脱口而出"念七岁老新郎"，巧妙地对上了那句上联。胡适认为不错，就照着写了。在结婚仪式上，新郎西装革履，新娘一身黑绸缎衣服。宾客致贺词，新郎答谢词。新郎、新娘在结婚证书上分别用印，证婚人用印。男女双方交换金戒指。然后证婚人讲话，新郎讲话。不拜天地，向长辈行礼和新婚夫妇交拜礼，都是以鞠躬代替磕头。总之，是废除旧俗新事新办。这样的婚礼，在当时古老封闭的山村，成为轰动一时的新闻。

胡适迫于母命，娶了不识几个字的小脚太太，心里是极其苦闷的。他在一篇文章中这样埋怨过："中国男女的终身，一误于父母之初心；二误于媒妁；三误于算命先生；四误于土偶木头，随随便便，便把中国四万万人合成了许许多多的怨偶……那可怪不得那些青年男女要说家庭革命了。"

这是他自己包办婚姻状况的真实写照，可是他又没有勇气走出这婚姻的误区。1918 年胡适在写给胡近仁的信上说："吾之就此婚事，全为吾母起见，故从不曾挑剔为难。今既婚矣，吾力求迁就，以博吾母欢心。"他本人认为这是一种无奈的自我牺牲。"当初我并不曾准备什么牺牲，我不过心里不忍伤几个人的心罢了。假如我那时忍心毁约，使这几个人终身痛苦，我良心上的责备必然比什么痛苦都难受。"然而这种牺牲却获得了社会上的过分赞许。这种虚名，对爱面子的胡适来说，分明是更加沉重的社会压力。他在收入《尝试集》的一首新诗中痛苦地说：

> 我说"我把心收起，
>
> 像人家把门关了，
>
> 叫爱情生生地饿死，
>
> 也许不再和我为难了。"

胡适在被迫"自愿地"与江冬秀结了婚后，曾想关死情感的大门。但他还是压抑不住情感的骚动，在与品貌出众的曹佩声交往后，死水又荡起了微澜

在胡适的心灵深处，新旧观念的冲突一直没有停止过：

> 咬不开，捶不碎的核儿，
>
> 关不住核儿里的一点生意；
>
> 百尺的宫墙、千年的礼教，
>
> 锁不住一个少年的心![1]。

---

[1] 载《胡适的日记》（下）。

于是，当他在婚礼上遇见了江冬秀的伴娘曹佩声——一个品貌出众的妙龄女郎，又经过一段时间的交往后，死水一般的感情开始荡起了微澜。

曹诚英，字佩声，乳名丽娟，是胡适家乡上庄附近的旺川村人。她于1902年出生在一个富商家庭，其父曹琪瑞在武汉经营笔墨、字画、茶叶等业务。曹琪瑞的原配妻子生了三个女儿。后来又娶了一位四川女子为妻，生下了儿子曹诚克，女儿曹佩声。因为曹佩声的同父异母的二姐嫁给了胡适的同父异母的三哥为妻，所以胡适称曹佩声为表妹。15岁的曹佩声长得小巧玲珑，异常可爱，给胡适留下了较深的印象。曹佩声对有着文质彬彬、温文儒雅风度的胡博士，一见钟情，她亲昵地按胡适的乳名称他为糜哥。

胡适自从见到曹佩声之后，内心一直不能平静。一次，他到旺川村去，因为知道曹佩声喜欢梅花，便带了块绣有梅花的手帕给她。曹佩声拿出自己亲手做的一双布鞋送给糜哥。显然，两人以物传情。

胡适婚后在家乡小住一段时间后，仍回北大任教，暂时中断了与曹佩声的联系。

1918年春，16岁的曹佩声在父母的包办下，嫁到与绩溪上庄村相邻的宅坦村，丈夫叫胡冠英。年轻的曹佩声是个有个性、有理想的女性，她不愿做一个无所事事的家庭妇女，她要冲破家庭的羁绊，投身到社会上干一番事业。她在美国留学的哥哥曹诚克也极力反对这门亲事。结婚不满四年的曹佩声，就在哥哥的安排下，于1920年到杭州浙江女子师范读书。1921年，曹佩声为《安徽旅浙学会报》向胡适写信求"序"。胡适在1921年5月5日的日记中说："我以徽浙学术史甚可研究，故允之。"此后，他们之间开始不断地通信联系。

1923年春，胡适因肺病到杭州休养，住在西湖南边南高峰上的烟霞洞。旅杭的绩溪同乡都相伴去看他，当中也有曹佩声。以后曹佩声就独自一人去了。两人畅游西湖，同登西山。这番阔别重逢，仿佛是在双方感情的湖水中投下了颇能荡起波澜的一枚石子。

一天黄昏，一轮鲜红的夕阳吻着黛色的山峰，两人漫步在西子湖畔。这时的曹佩声已不再是当年婚礼上的那个小姑娘，而是一个亭亭玉立、楚楚动人的少妇了。她略带几分伤感的神情，轻声地说："糜哥，西湖落日，柳色青青，你何不即兴发挥，吟哦一首。"胡适叹了一口气："我没有即兴创作的捷才，还是寻摘古人佳句吧。"他心中涌起了无限的感慨，不禁脱口而出："章台柳，章台柳，往日依依今在否？纵使长条似旧垂，也应攀折他人手！"这是唐朝韩翃写给他在战乱中分离的爱姬柳氏的诗。曹佩声立即吟出柳氏的和诗："杨柳枝，芳菲节，可恨年年赠离别，一叶随风忽报秋，纵使君来岂堪折。"曹佩声再也抑制不住自己的感情，一时间泪流满面。

曹佩声的婚姻是不幸的。她被迫嫁给了她并不爱的胡冠英；结婚四年，不曾生育，婆婆怕断了胡家的后代，忙着要为儿子娶妾；而胡冠英的家乡，因为曹佩声为当地第一个有丈夫而外出读书的女人，平白地生出许多谣言。曹佩声与胡冠英的婚姻已名存实亡。曹佩声的悲哀也触动了胡适的心弦，勾起了他对自己不幸婚姻的忿怼：上帝是这样的不公平，为什么偏要把世上没有爱情的怨偶捏成一对。胡适与曹佩声的相聚是短暂的，他因要去上海办公事，又与曹佩声离别了。5 月 3 日，胡适在杭州作了一首《西湖》诗：

十七年梦想的西湖，

不能医我的病。

反使我病得更厉害了！

然而西湖毕竟可爱，

轻烟笼着，月光照着，

我的心也跟着湖光微荡了。

前天，伊却未免太绚烂了！

我只好在船篷阴处偷觑着，

不敢正眼看伊了。

听了许多毁谤伊的话来，

这回来了，只觉得伊可爱，

因而不舍得匆匆就离别了。

胡适与曹佩声在西湖之畔同居了三个多月，花前月下，卿卿我我，度过了他们一生中最美好的时光……

1923 年 6 月下旬，胡适在离开杭州仅一个多月后，又返回杭州，住在烟霞洞和尚开办的一个临时旅馆里，继续养病。7 月初，曹佩声放暑假后，便到烟霞洞来相伴。烟霞洞成了他们快乐的伊甸园。

7 月 28 日，是胡适一生中最难忘的一天。

凌晨，他和曹佩声顺着烟霞岭，登上南高峰，观看日出。极目远眺，东方紫红的朝霞不停地翻腾着，向着苏醒的大地投射出万紫千红的光芒。太阳像火球般出现了，把火一样的红光倾泻到树木上。胡适、曹佩声感觉到面前诞生的是一个新的世界，充满着新奇和美丽，也似乎给他们的爱情带来希望。

夜幕降临了。回到烟霞洞里的胡适，再也抑制不住内心的激情，在隔壁的房门上轻轻地敲了几下。曹佩声听到后，激动得不能自已，她早就渴望着这一天的到来了。她终于将紧闭的爱情之门向糜哥敞开了。她决心爱自己所爱，不论后果如何，都无怨无悔。

"为了我们天长地久、永远厮守在一起，我要和江冬秀离婚！"胡适拥着曹佩声激动地说。曹佩声含着泪花凝视着胡适："糜哥，只要我们现在相爱，我不在乎将来！"

此后，曹佩声便一直与胡适同居一处。胡适在烟霞洞内休养时，全靠曹佩声精心照料。胡适找到了知己，心情愉悦，无话不谈。他们讨论文学，讨论生活。一天，胡适向曹佩声披露心怀："我和冬秀的事，你是清楚的，这次回家，一定同她有个决断！"曹佩声流着泪说："我并没有挑拨你和冬秀嫂子。作为一个女人，她活得也不容易。"胡适恳切地说："我不能委屈你。这种暧昧关系总不会持久的。我要明媒正娶你当我的妻子。"曹佩声被感动了："糜哥，我不在乎这个，我没有那份奢望。我说过，我不求长期拥有，只要我们曾经有过。"胡适深情地说："丽娟，你就是我心中的维纳斯女神。对了！你更像雪莱笔下的那个普罗米修斯，牺牲自己，把爱的火种奉献给别人。"

1923 年 10 月 3 日晚上，这是胡适和曹佩声两人在烟霞洞度过的最后一个夜晚。他们面对月光不禁黯然神伤。这一夜曹佩声似乎有说不完的话。夜深了，胡适缓缓地说："丽娟，休息吧，有话明天再说好吗？""不，糜哥，我们没有明天了！"她接着说："糜哥，我近来身子觉得不适，总感到恶心。我怀孕了。"胡适又惊又喜："这么说来，我们有孩子了！"曹佩声点了点头："我同胡冠英婚后，不生孩子，婆婆把责任全推给我，到外面说我是石女，没有用，不能给他们胡家传宗接代。到底谁无用，现在清楚了！"胡适微笑着说："你有用，你是个伟大的母亲！"曹佩声说："糜哥，你看我现在怎么办？"胡适脸色变得庄重起来，他略一思忖，便下定了决心："丽娟，你放心，我就不信保不住这个孩子，我立即回家同江冬秀办离婚手续。"曹佩声默然无语。窗外，月光惨淡，秋风萧瑟。

胡适在烟霞洞养病的二个多月间，作了很多诗，他把这些诗汇集起来，取名《山月集》。这些诗缘情而发，都是为曹佩声所作的，但他没有勇气公开于人。后来他从中抽出少许言辞隐晦的，取名《烟霞杂诗》。

胡适鼓足勇气提出离婚，江冬秀持刀以自杀相拒。胡适的"家庭革命"以失败告终。那么苦苦等待的曹佩声呢？只有遁入空门……

1923 年寒假时，曹佩声回到绩溪老家，向正在家乡小学教书的胡冠英提出离婚。不费多少周折，双方便达成协议，脱离夫妻关系，以兄妹相称。胡冠英继而再娶。曹佩声在顺利结束了这场没有爱情的婚姻后，便焦急地等待胡适的"家庭革命"的消息。

胡适回到家中后，"离婚"二字刚出口，江冬秀便从厨房里拿出菜刀威胁胡适说："你要离婚可以，我先把两个儿子杀掉，然后自杀，我们母子三人都死在你的面前！"又拿起裁纸刀向胡适脸部掷过去，虽然没有击中，却迫使胡适放弃了离婚念头。江冬秀抓住胡适爱面子的弱点多次吵闹，哭诉胡适如何错待她另找新欢，使"胆小君子"胡适望而生畏，中途退却。

曹佩声得知胡适"家庭革命"失败的消息后，强忍悲痛去医院做了堕胎手术，两人真诚相爱的结晶化为乌有。曹佩声转而发愤求学，先考入南京中央大学农学院，后在胡适的帮助下，考取留学生，入胡适的母校——康乃尔大学，在该校农学院攻读农学专业。

曹佩声学成回国后，在上海复旦大学任教。在新的环境中，曹佩声欲寻找一条新的人生旅途。她与一个姓曾的男子相爱了。在准备结婚时，一个偶然的机会，江冬秀向曾的亲戚泄露了曹佩声过去的恋情。曾得知后，不能体谅，取消了婚约。曹佩声受此沉重打击，不能自持，对人生已心灰意冷了。

胡适的"家庭革命"虽然失败，但他仍与曹佩声保持着"剪不断，理还乱"的联系。他常去杭州，每年两次，每次到杭州都在旅馆包两个相邻的房间，然后通知曹佩声前来相会。胡适去上海，曹佩声也前去相聚。

胡适和曹佩声的来往，江冬秀都知道，但却无可奈何。她自知在情场上不是曹佩声的对手，只要胡适不离婚，她也就忍受了。

1931 年 1 月 7 日，将近午夜时分，一列火车开到了上海。曹佩声冒着风雪来迎接胡适。在黄浦江的渡船上，两人轻声地交谈着。胡适愧疚地说："丽娟，这些年来让你受苦受屈了，我对不起你。"曹佩声凄然地说："我一开始就意识到我们不会有好结果的，你拗不过冬秀嫂子。也许她是对的，各方面都很相似的两个人结合在一起，不一定会幸福；而看起来根本不般配的两个人生活在一起，倒可能会很幸福。"胡适嗫嚅着说："这不是你的真心话，你不能原谅我？""原谅？从何谈起！"佩声一声苦笑，"我们谁也不欠谁的债，我是自愿的。可我有一点不明白，你在女子师范讲演时那样慷慨陈词，为妇女的解放大声疾呼；你批判孔子，痛斥程朱理学，抨击封建礼教，那么激烈！可为什么你却摆脱不了自身包办婚姻的桎梏，抗不住世俗的潮流？"曹佩声的每句话每个字都在胡适的心上激起强烈的震颤，泪水涌上了胡适的眼眶，他从提包里拿出一部从未面世的诗集——《山月集》的手稿，交给了曹佩声："丽娟，这本集子就送给你吧，它最能表达我对你的情感。"曹佩声打开诗集，借着渡船上那昏暗的灯光，默默地念着：

翠微山上乱松鸣，

月凄清，

伴人行；

正是黄昏，人影不分明。

几度半山回首望——

天那角，

一孤星。

时时高唱破昏冥，

一声声，

有谁听？

我自高歌，我自遗哀情。

记得那回明月夜，

歌未歇，

有人迎。

……

隐处西楼已半春，

绸缪未许有情人。

非关木石无思意，

为恐东厢泼醋瓶。

曹佩声再也读不下去了，泪水似断了线的珠子，模糊了她的视线。她哽咽着说："你'为恐东厢泼醋瓶'，就把我当牺牲品。当初我和胡冠英结婚，几年没生孩子，婆婆怪我无能，给他们家断了后；后来我们相爱，我怀了孩子，却又不合法，被迫流产。我们女人的命运就这样不幸。糜哥，我好恨你呵！"曹佩声由嘤嘤的啜泣变为放声大哭。

江涛澎湃，朔风劲吹。夜空迷蒙，阴霾层层。胡适和曹佩声执手相看泪眼，无语凝噎！

数年之后，巍峨凝重的四川峨眉山上，在离万年寺不远的一座莲花庵的佛堂里，青灯如豆。一位年轻的尼姑，垂着双目，双手合掌，无数遍地念着"南无阿弥陀佛"。她身穿一袭浅灰色袈裟，脚穿灰布袜、青履。她高挑的个儿，身材瘦削，面容清秀，端庄沉稳中透出几丝凄凉。她就是曹佩声。失恋，离婚，无爱的家庭，冷酷的人际斗争，驱使曹佩声奔向这座佛山，以此摆脱尘世的苦恼，寻找某种解脱。

在这山野之中，她每天念经供佛，自己烧饭自己挑水，过着清苦的生活。每当想起昔日那些不幸之事，她就敲响木鱼，一切悲苦就暂时消失在那幽幽的法器声中去了。然而这只是表面现象，她能一辈子在这冰冷的禅房中与深奥的经书相伴吗？她能永远耐得住这寂寞的岁月吗？她想超脱自己，但是超脱不了。她忘不了风流倜傥、温文儒雅的胡适。她把那本《山月集》压在枕头底下，有时偷偷地翻看。她的心里有一个属于自己的世界，一个仍旧充满着爱的世界。1939 年农历七月初七夜，曹佩声写了一首诗，遥寄正出任驻美大使的胡适：

孤啼孤啼，倩君西去，为我殷勤传意。道她未病呻吟，没半点生存活计。

忘名忘利，弃家弃职，来到峨眉佛地。慈悲菩萨有心留，却又被思情牵系。

后来，曹佩声的哥哥曹诚克亲自上山，劝她结婚不成，可以独身。思虑之后，她接受了哥哥的劝告，下山还俗，重返教坛，再执教鞭。中华人民共和国成立前后，她先后在安徽大学、四川大学、复旦大学和沈阳农学院任教授。"文革"期间也遭受过冲击。1969 年孑然一身回绩溪老家，往返于旺川村和县城居住。1970 年冬去上海探望女友，因病治疗无效，于 1973 年 1 月 18 日孤寂一人在上海辞世，终年 71 岁。

胡适则早在 1962 年 2 月 24 日，因心脏病猝发而去世，终年 72 岁。他是在台湾去世的，蒋介石送了他这样一副挽联："新文化中旧道德的楷模，旧伦理中新思想的师表。"这自然是蒋介石出于政治上的需要而作的溢美之词。不过，如果仅从胡适在爱情生活中既追随新思潮，又妥协于旧观念，畏畏缩缩，首鼠两端，最终成为封建伦理的殉道者的表现来看，这副挽联的上联，倒不失为客观事实的写照。

许广平，用生命守护鲁迅遗物的人

叶淑穗

2011 年 4 月，我送走了鲁迅的儿子周海婴同志。从事鲁迅文物工作 55 年，我亲手送走了鲁迅的六位亲人，其中最使我心痛的是 43 年前——1968 年 3 月，鲁迅夫人许广平先生的辞世。在这几十年间，我曾亲手接过他们母子交给我的一件件鲁迅的文稿、信件、书籍等遗物。我从他们那里认识了生活中的鲁迅，了解了这些文物的经历及珍贵价值，更得知了他们为保存这些文物所付出的无数艰辛。

萧军、萧红买油条竟发现鲁迅手稿

我第一次见到许广平先生，是在我刚从部队转业到鲁迅博物馆工作的 1956 年。当时，鲁迅博物馆正在筹建，许先生为了博物馆的建设，特地将她多年来呕心沥血、艰辛保存下来的大批文物分批、无偿地捐赠给博物馆，其中有鲁迅书信 902 封（1417 页）、文稿 53 种（2551 页）、日记 24 本（1102 页）、解剖学笔记 6 本（1049 页）、辑录古籍手稿数十种等等。那时，文物捐赠过程很简单，许先生每次仅用电话告知博物馆来人取走。一次在博物馆开馆前的 8 月初，博物馆接到先生的约请。博物馆的业务负责人杨宇带着文物保管负责人许羡苏（许钦文的妹妹，许广平先生的同学）和我，一同来到许先生当时的住所——北海公园旁的大石作胡同十号。许先生将我们让到客厅，自己搬出一个大箱子，将手稿一件件地交给我们，并对每件手稿都做了详尽的介绍。记得在介绍一页《表》（鲁迅译苏联作家班台莱耶夫的童话集，手稿仅存一页）的译稿时，许先生向我们生动地讲述了当年萧红、萧军意外发现鲁迅手稿的故事。一天，他们两人上街买油条，当小贩将油条包好递到他们手中时，意想不到的事情发生了，那张包油条的纸竟是一页鲁迅手稿！他们惊喜地写信给鲁迅并将手稿送还给他。许先生讲得有声有色，还将手稿上残留着的几处油渍指给我们看。在介绍鲁迅文稿《势所必至，理由固然》一文时，许先生告诉我们当年她是怎样从字纸篓中捡回这篇稿子的。为了使我们清楚地记下它失而复得的可贵经历，她还亲手将情况写下，附在文稿的后面。那天，先生还向我们讲述了好多鲁迅生前如何不在意自己手稿的事情，她说，很多手稿都是她背着鲁迅偷偷地收起来的，有的甚至是从厕所里发现后藏起来的。当时我看到眼前这些字迹清秀、保存完好的鲁迅手稿，心里有说不尽的感激之情，对于许先生的良苦用心更是由衷地钦佩。

用生命守护鲁迅遗物

在以后与许先生和海婴同志的交谈中，我才真正了解到鲁迅手稿保存之不易。许先生向我谈起过，在鲁迅逝世以后，她和海婴搬到霞飞坊64 号，当时生活的主要来源是鲁迅遗留下的有限的版税，日子过得十分艰难。就在这样的情况下，她们母子俩在日本帝国主义侵占的上海还保护着大批的鲁迅遗物。不仅如此，许先生还曾被日本宪兵队抓去，关了两个半月并施以酷刑，受尽了各种非人的折磨，但许先生在谈起这些往事时，却极少提到自己。她曾感慨地回忆起这样一段经历：一次日本宪兵来搜查，在千钧一发的情况下，她家的一位女工勇敢地以身体挡住三楼的藏书室，对鬼子宪兵说："三楼租给别人了。"才使这些敌人没有上楼搜查，免遭了一场浩劫。许先生说："每想到险些惨遭横祸的一幕，我真的感激那位沉着勇敢的女工。"

后来由于经济困窘，许先生只得将原来居住的第一、二层楼租给别人，她和海婴挤在三楼住。鲁迅在上海的藏书有近万册，把他们住的三楼挤得满满的，压得地板都不平了。海婴回忆说：有一天晚上，妈妈外出有事，当时只有八九岁的他，坐在床边上疲倦得要睡着了，恍惚之间觉得床前方的书箱有些倾斜，他猛然惊醒，本能地向后一跃，跳到床里边，顷刻之间那些箱子就倒在他刚才坐着的地方，险些要了小海婴的命。

在家中藏有的鲁迅手稿始终让许先生放心不下，特别是在敌人四处搜捕的情况下，随时都可能遭到破坏。为了保护好它，许先生将手稿分成若干包，伪装起来，放在堆煤的小灶间，以躲避敌人的搜查。但在形势越来越紧张、环境日益恶劣的情况下，这些手稿藏在家里，怎样放都不能保证绝对安全。无奈之下，许先生仿效当时有钱人存放金银首饰的办法，不惜花钱租用英国麦加利银行的大保险箱来存放鲁迅手稿，这样才使文物免遭劫难。全国解放后，许广平先生将她所保存的以及在北京、上海的鲁迅故居和故居内的全部文物都无条件地捐献给国家。

20 世纪 60 年代，许先生再次仔细地清理了自己的东西，又找出一些鲁迅的手迹和文物，为了安全，她又将这些送到博物馆。记得那是一天的下午，许先生独自驱车，找到许羡苏和我，将一个用白色包袱皮包着的文件交给我们，告诉我们这是她交给博物馆的，并说明其中有几件手稿是她当年特意留下的。其中有一篇许先生自己写的文章《风子是我的爱》，至今我还记得许先生将它交给我们时的情景。她从包袱中找出这篇稿子，亲手交给我们，并说："这是当年我向鲁迅表白我的感情的文章，也可以说是定情的文章。"说这话时，她面带微笑，面色略有几分红润，她嘱咐我们："在我生前不要发表。"还有1932年鲁迅给许先生的七封信手迹，许先生也慎重地向我们交代："这些信在我生前一定不能发表。"我们一直信守先生的嘱托。

新中国成立前，许先生竭尽全力保护鲁迅的文物，中华人民共和国成立后则尽一切力量帮助建设鲁迅博物馆和纪念馆。1949年全国解放后第一个鲁迅纪念日，北京鲁迅故居就是在许先生亲自动手整理后才得以对外开放的。1950年9月，北京鲁迅故居做了较大的保护修缮，文物局局长郑振铎、王冶秋邀请许广平审查复原，许先生在罗歌同志的陪同下，花了五天时间，一个房间一个房间地布置，使故居展现了鲁迅当年生活时的景象。至今，鲁迅故居的布陈仍遵照许先生当年的安排。

上海鲁迅故居的恢复工作则更加困难：鲁迅逝世后，许先生和海婴就迁往霞飞坊居住，大陆新邨鲁迅故居几经更换主人，房间内部面目全非。它的恢复是在周恩来总理的关怀下进行的。1950年8月4日，周总理在文物局的报告上批示："同意许副秘书长于10月中赴沪一行。"许先生到上海后，亲自指导故居的恢复工作，她将保存14年之久的鲁迅遗物一件件进行整理布置，并为工作人员一一作详细的说明介绍。广州鲁迅纪念馆建馆较晚，由于缺少鲁迅在广州时的文物，许先生得知后，亲自到北京鲁迅博物馆为他们挑选文物。1959年夏，那天是星期一闭馆日，天气特别炎热。许先生到故居来和我们一起打开故居里的六口大箱子，一件件挑选，弄得满头大汗。最后选出鲁迅在广州时穿的外衣、内

衣、内裤、蚊帐、被面等。还有鲁迅用过的藤箱，上面有鲁迅亲笔写的
"LS" 两个缩写的英文字母。这些文物丰富了广州鲁迅纪念馆的陈列并
成为他们馆藏的珍品。

亲切而坦率的师友

许先生作为鲁迅的夫人，在为我国文化交流与友好往来的工作上作
出了自己的贡献。中华人民共和国成立后，她接待了无数来自世界各国
参观鲁迅纪念馆、博物馆、瞻仰鲁迅墓的贵宾。每次贵宾来参观，许先
生都亲自陪同。有一次，许先生的接待最使我难忘。那是 1959 年，内
山完造夫妇和内山嘉吉夫妇应邀来中国参加庆典。内山完造先生对中国
有着深厚的感情，由于兴奋过度，在一次为他设的欢迎酒宴上，突发脑
溢血，抢救无效，不幸与世长辞了。在办理完内山完造先生的丧事后，
许先生陪同内山嘉吉夫妇、内山完造夫人一同到鲁迅博物馆参观。那天
正好是我接待的，我跟在外宾和许先生的后边，心情非常沉重，低声地
为他们作扼要的讲解，在讲到 20 世纪 30 年代，陈列上出现内山完造与
鲁迅的合影时，许先生就主动而亲切地讲起内山兄弟一家与鲁迅的往
事。这时内山完造夫人和内山嘉吉夫妇都沉浸在过去的美好回忆中，驱
散了悲哀的气氛。许先生讲话的声音是那样地柔和，语调是那样地亲
切，充满了对亲密朋友的慰安与抚爱。我被他们的真挚友谊深深地感动
着，提议为他们合个影，他们高兴地答应了。我的照相技术不高，照相
机也极简陋，但却记录了他们这次特殊的相聚。照片上许先生被簇拥在
他们三人的中间，许先生一手牵着内山完造夫人，一手搂着内山嘉吉夫
人，照片中，各自的表情似乎都定格在他们过去的回忆中。看到这张照
片，我仍可清晰地想起当时的情景，耳边似乎还能听到他们亲切的谈
话声。

许先生性格开朗，对人亲切体贴，很多往事感人至深。平时许先生工作很忙，但我每次因事去许先生家，只要她在家，她都要出来和我聊一会儿。因为我是广东番禺人，可以说和她是大同乡了。我家里都讲广东话。和许先生在一起，她常常和我讲广东话，使人倍感亲切。先生有时也向我谈起她心中不快的事情。比如她熟悉的人搞封建迷信，她多次劝说又无济于事，为此，心中很是愤愤。有时许先生也会遇到人与人交往上不愉快的事，有时也会向我说几句，以解除心里的不平衡，从而使我感触到许先生的苦恼与寂寞，也深深地体会到她为人的真诚与坦率。有时我也将我心里想不通的事向她诉说，许先生则耐心地给我开导与指点。我们在工作上遇到问题去请教许先生时，她总是尽可能详细地向我们解答。一次，我谈起在西直门看到一处大院，很像女师大临时校舍，许先生高兴地说："我去帮你看看。"她利用星期日休息的时候，请司机开车带着我们馆的同志一同到宗帽胡同。一下车，许先生看到大门就高兴地连声说"就是这里，就是这里"，带着我们一路走一路讲"这里是教室"，"当年鲁迅、许寿裳、钱玄同等先生就在这里讲过课"，"这是学生宿舍"，并带着我们直奔后院，找到当年她和刘和珍一起住过的房子。许先生告诉我们，这间房子里还有一个通向外边的地道，地道口就在她的床下，她们在遇到情况时，随时可以从这地道出去。听到这里，房子的主人也惊奇地说："是有一个地道。"我们把许广平先生介绍给他们，并讲述了当年的事情。

1961 年 6 月的一天，我有事到许先生家，许先生那天特别高兴，把我带到她的卧室，兴奋地告诉我，她已被批准入党了。我也由衷地为她高兴。那时我还不是一个党员，我羡慕她加入了党的队伍。那天许先生滔滔不绝地和我谈了不少做人的道理，使我非常敬重与仰慕。许先生对共产党有一颗诚挚的心。在许先生的一生中，无论是顺利时或困难时，她始终相信党，跟着党，她的心是亦诚的。

许先生十分关心博物馆的工作，每次都要对我谈起博物馆在工作上需要改进的地方。多年后，我在国家文物局党史办参加编辑《中华人民共和国文物博物馆纪事》，在查阅文化部档案时，见到一份"文党119号"文件，是1961年8月22日文化部党组齐燕铭签批的《许广平对鲁迅博物馆的意见》，其中有"博展方针""组织领导""陈列内容问题""人事安排问题"四个方面的意见。在"博展方针"上她写道："鲁迅博物馆在北京、上海、绍兴有三个馆。目前三个馆博展内容都差不多，使外宾看起来有些重复，兴趣不大。……三个馆的博展内容，应各有重点。"在"组织领导问题"上，许先生向党写出自己的心里话，她写道："北京馆开始时，郑振铎曾要我管理，我说我既交出来我是信任党，交给党了，我不能再管了。领导关系也变更多次，最初属于文化部领导，后又属北京市文化局领导，我也不知道，直到王昆仑说，许大姐，鲁迅先生博物馆划给我们领导，有什么意见，我才知道下放到北京领导，现在又划归区领导，我也不知道，只是矫庸（注：鲁迅博物馆工作人员）、许羡苏向我反映划归区里领导，问我有什么意见。我考虑有意见不好向他们说，就说谁领导都是党的领导都是一样。但今天我向党内说，要说我个人的意见，我个人认为区领导有困难，因为区里中心工作多，运动也多，中心工作和运动一来干部们都去搞中心工作，就没有专门研究的人了。""北京馆有弓濯之主任在馆里负责，他过去做过县长的工作，到馆后认为自己是降级了，对鲁迅他是不熟悉的，对博物馆业务也是不熟悉的，所以鲁迅博物馆不如上海，上海还是白手起家的，说明管理是一个很重要的问题。"在"陈列内容问题"中写道"北京馆的陈列中心不突出……这个意见我曾提过几次，他们总是说研究研究，讨论讨论，请示请示，可是没有解决"。以下还提到人事安排的问题等等，谈得既坦率又恳切。所以文化部党组的批示是"她所提的一些意见，我们认为应该考虑"。

辞世的真相

我最后一次见到许先生是 1968 年 3 月 2 日。

事情是这样的：1966 年 6 月"文化大革命"中，国家文物局为了保护鲁迅书信（因其中有许多封信是未发表过的）免遭动乱损毁，故将鲁迅书信手稿 1054 封（1524 页）及《答徐懋庸并关于统一战线问题》文稿（15 页）调往文化部保密室封存。1967 年 1 月，我们得知戚本禹从文化部保密室将这批书信全部取走。1968 年 3 月 2 日，我们从街头的"大字报"上看到戚本禹被捕入狱的消息。大家为戚本禹拿走的鲁迅手稿下落不明而焦急万分。当时鲁迅博物馆的领导被打倒了，馆里的"革委会"委托我去向许广平先生反映情况。许先生得知情况后，忧心如焚，连夜给中央写信，由于极度的焦急和劳累，心脏病突发，于次日，即 1968 年 3 月 3 日与世长辞了。这位为鲁迅事业、为保护鲁迅的文化遗产而付出一切的战士就这样倒下了。我万万没有想到的是：许广平先生——这位妇女界久经磨难而坚强不屈的杰出人物，最后却因经受不住鲁迅手稿遭到不测的沉重打击，永远地离开了我们。

3 月 5 日，我们到北京医院与先生告别。她静静地躺在花丛中，虽然睡得那样端庄，但脸上仍抹不掉那一丝忧虑。我久久地站在那里不忍离去。许先生走了！真的走了！走得那样突然，那样匆忙。我曾准备了好多好多的问题要向先生讨教，但一切的一切都太晚了！我很遗憾，我没能为先生分担一点焦虑，没能为先生减轻一点心中的负担，我的遗憾再也无法弥补了！只留下永远的怀念。

沈从文与张兆和：相濡以沫 55 年

———

陈开第

    沈从文是中国现代文学史上的文学大师，他执着地追求生活，依恋人生，热爱自由。他有自己独立的价值观和审美心理，他注重人格的独立。在情窦初开时，他追求完美的女性，乐此不疲。在追求张兆和时，历时四年情书不断，却没有得到一个字的回音，可谓情圣也。在他执着的追求下，终于和张兆和结为秦晋之好。

    结婚后，沈从文写过一篇《水云》的散文，他说："我要的，已经得到了。名誉或认可，友谊和爱情，全部到了我的身边。"这时的沈从文正在新婚蜜月中，但他始终没有忘记一个作家的责任，他抓紧时间创作了名作《边城》、系列《湘行散记》。从 1933 年至 1946 年，沈从文和张兆和的生活都过得并不平静。沈从文的作品集不断出版，虽然这中间经历了抗日战争和解放战争，他们夫妻同甘共苦，从苦难的日子里熬过来了。但到了 1947 年初，沈从文和张兆和的日子就不好过了。郭沫若的杂文《拙劣的犯罪》在上海《文汇报》发表，该文认为沈从文对创造社的看法是"捏造事实，蒙蔽真相，那明明是一种犯罪，而且是拙劣的犯罪"。认为沈从文"极尽了帮闲的能事",而简直成了"死心踏地的帮凶了"。到了 1948 年 3 月,香港出版的《大众文艺丛刊》第一辑发表郭沫若的《斥反动文艺》,在这篇文章中,沈从文被认为"一直是有意识地作为反动派而活动着"的作家。沈从文对郭沫若的两篇高压文章不予理会,还在《论语》半月刊发表论文《中国往何处去》,认为内战"实无可希望",只有"往毁灭而已"。

这时的沈从文正在北京大学任中文系教授,北大学生贴出了声讨沈从文的"大字报",同时转抄了郭沫若的《斥反动文艺》,这才给沈从文带来了极大的压力。沈从文陷入精神危机,用剃刀把自己颈子划破,两腕脉管也割伤,又喝了一些煤油,试图自杀,后被送医院抢救过来。

沈从文解放初的遭遇是悲剧性的,但他的夫人张兆和一点也没有怪罪沈从文,她悉心照料,安慰沈从文,一刻不离沈从文身边。当沈从文稍好一点,张兆和又鼓励他写文章,沈从文发表了《读游春图有感》,对展子虔的《游春图》的真伪问题进行了讨论,这是沈从文在物质文化史领域的第一篇文章。

沈从文北大教授当不成了,学校就把他送到华北大学学习,后又随学校转入华北人民革命大学学习。这段时间沈从文没有干别的,不断写着没完没了的检讨。《我的感想——我的检讨》,还有检讨性的文章《我的学习》,都发表在《光明日报》上。

这对自尊心极强的沈从文,无疑是极大的打击,然而沈从文毕竟是沈从文,在张兆和的关爱下,他终于重新振作起来。

1951 年 10 月 25 日,沈从文作为北京农村土改工作团成员赴四川参加土改,在那里待了四个多月的时间,他给张兆和写了 50 多封信。在这些信件中,苦闷和忧郁的情绪一扫而光,取而代之的是为国家服务的热情。

1952 年 3 月,沈从文返回北京。由于他自 1949 年 8 月已经不在北京大学教学，他在四川曾写信给张兆和把房退给北大，张兆和照办后，全家已搬迁至临时租住的交道口头条胡同。张兆和看见了一个身体健壮、全新的丈夫站在自己面前，有说不出来的高兴。

1953 年第三次全国文代会在北京召开，沈从文作为全国美协推选的代表参加了这次会议。10 月 4 日，毛泽东接见部分与会代表，文化部部长沈雁冰向毛泽东逐一介绍了参加会见的代表。当介绍到沈从文时，毛泽东问了沈从文的年龄，听到回答后说："年纪还不老，再写几年小说吧……"听到这里，沈从文眼睛湿润了，毛主席的鼓励似乎冲淡了沈从文多年来埋藏在心底的委屈。他回家刚坐在椅子上，就赶忙把见到毛主席的情景向张兆和述说，听完后，张兆和激动地握着沈从文的手说："让我也来分享这份幸福吧！"

1953 年沈从文一家告别了租住民房的历史，搬入东堂子胡同 51 号，历史博物馆家属大院后院靠东头的三间北房。

1954 年，张兆和离开了北京西郊圆明园 101 中学，调至《人民文学》编辑部工作，从此告别了长期住校的历史，对孤独寂寞的沈从文来说，这也是一个安慰。

沈从文的心情开朗了许多，开始走出自我禁闭的书斋，经常到离他家不远的老朋友陈翔鹤家走动，也能听到他的笑声。还和家人到中山公园、北海、颐和园去玩。

就在这期间，陈翔鹤明显地感觉到沈从文的心情好起来了，就建议沈从文把他对一些冷门学科的研究心得写成文章，张兆和在一旁听着，也支持陈翔鹤的建议，这才有后来发表在陈翔鹤主编的《文学遗产》上的《略谈考证工作必须与实物相结合》《学习古典文学与历史实物问题》和《从〈不怕鬼的故事〉注谈到文献与文物相结合问题》等五篇文章。从而使全国古典文学的青年研究者和青年读者知道中国还有这样一位著名的老作家！

这段时间，沈从文进入了最为活跃的时期，1956 年他又被增选为全国政协委员，并在会上做了发言，《人民日报》全文刊登了他的发言。

沈从文一反他年轻时不健谈、有点木讷的性格，整天和张兆和有说不完的话。张兆和经常和沈从文开玩笑，逗得他开怀大笑。张兆和对沈从文说："你带我到青岛的两年时间也没有说过这么多话，你应该再给我写几封情书才好！"

1957 年"反右"运动开始，丁玲被错打成"右派"。沈从文在这场运动中没有发言和表态，他顺利过关了。生活上，得到了张兆和的细心安排照料；所写的文章，张兆和是他的第一个读者，严格把关，总算没有出什么问题。这年，《沈从文小说选集》由人民文学出版社出版，这是 1949 年以后出版的第一部旧作结集。从 1957 年至 1966 年，沈从文在张兆和的协助下，《唐宋铜镜》《龙凤艺术》等专著相继出版。

1966 年，沈从文 64 岁时，赶上"文化大革命"。他在运动中受到很大冲击，所在单位还成立了"沈从文专案组"。被所谓群众组织抄家八次，停发工资、写检查、打扫女厕所、集中学习。他家原东堂子胡同三间宿舍被压缩为一间，所藏之书尽失。

1969 年末，张兆和被下放到湖北咸宁文化部五七干校。沈从文一家成员已经是天各一方：次子虎雏早在 1966 年就同妻子一同去四川参加"三线"建设，女儿朝慧早成了在各地漂泊的"流浪人"；长子龙朱虽仍在北京，却因 1957 年在一张别人写的向党委提意见的"大字报"上签名，被划成"右派"，正在工厂接受监督改造。

就在张兆和去湖北一个月后，在这年 11 月的一天，沈从文家里来了单位的两个造反派，通知沈从文五天内做好离开北京去湖北的准备。12 月底，沈从文被送到湖北咸宁，老妻张兆和特意赶到县城来接，临时找了一所破旧学校落脚休息。住了不到半个月，又把沈从文发落到双溪，安排住临时打扫出来的旧猪圈，沈从文坚决不去，后改为一间小学校的教室，才总算有了一个落脚的地方。这里离张兆和所在的五七连队驻地60里。沈从文在一个被称作"七五二高地"的地方看守菜园子。他十分称职，风天雨天雪天，从不间断。有一天夜晚，大雨滂沱，发洪水了，水从房门和墙缝往房里灌，不一会儿屋里成河了，沈从文见情况不好，撑着雨伞，站在房屋中央，望着不断涌进来的水，不知如何是好……在这样的处境中，沈从文病倒了，血压高得惊人，高压250mmHg，低压150mmHg。他被送进咸宁医院治疗，遇上了尽职尽责的好大夫，在住院治疗40多天后，他的血压开始下降，并终于稳定了。这里有大夫的功劳，也有他爱妻张兆和的功劳，是她日夜守护着沈从文。吃、喝、拉、撒、睡，她都管起来了，使沈从文不感到寂寞，睁眼就能看见爱妻，所以他踏实多了，病也好得快。

10月，沈从文康复出院，张兆和陪他返回双溪。没过多久，干校安排沈从文与张兆和一道，从双溪转移去丹江。被安排在一个偏僻的采石场旁的荒山沟里住下。

住处离丹江口只有5里路远。每天一抬头便可遥望见丹江口横跨江面的那座宏伟大坝的身影。沈从文触景生情，对张兆和说："十年前，曾到这里参观，亲眼看见丹江水坝的合龙。想不到十年后，自己又搬迁到这座大坝附近。"张兆和也感慨地说："个人只是漂在大河中的一滴水，这滴水还不知道漂到哪里去。"

尽管有张兆和的精心照顾，但住在这远离人烟的荒山沟里，缺医少药，张兆和想为沈从文搞点肉和鸡蛋都办不到，一日三餐清汤寡水。1971年冬，沈从文因心脏供血不良，病情逐渐加重，身体也浮肿起来，连日常行动都成问题，张兆和眼看着老夫病重，不回京治疗要出人命，多次致函干校领导。经过八个月的交涉，才被获准沈从文一人回京。老夫老妻又一次分离，张兆和仍留在荒山沟里苦度时日，而沈从文回京后也是一人苦熬着。半年后，张兆和申请退休得到批准，回到北京，回到日夜想念的丈夫身边。

返京后，夫妻二人住在一间房中，非常困难。张兆和找到作家协会，经努力，作协分配给沈从文两间房的宿舍，地点在小羊宜宾胡同。条件有所改善，张兆和则开始了两地奔波的生活。每天早晚三餐都是张兆和给沈从文送去。打水洗衣，去医院取药，都是张兆和主动承担，忙得不亦乐乎！

张兆和虽然每天又苦又累，但看到沈从文在小屋里专心完成周恩来总理交给的任务，修订《中国古代服饰资料》一书，心里还是高兴的。沈从文深切地体会到：若没有老妻的照料，他是完不成编撰这本大书的任务。

1976 年在中国可以说是一个多事之秋。这年发生了许多令人难以忘却的大事：周恩来、朱德、毛泽东相继去世；4 月 5 日发生了震惊中外的"天安门事件"；7 月 28 日发生了唐山大地震……沈从文所住小羊宜宾的正屋山墙也坍塌了。在家人的劝说下，沈从文和张兆和南下苏州，住在张兆和五弟张寰和家里。此时沈从文心里想着的还是他的《中国古代服饰资料》，只在苏州住了六个多月就不顾亲友的劝说，追回北京，又住进了他那间窄得不能再窄的小屋里。一张书桌他只能与张兆和轮流使用。在无法工作的情况下，沈从文想到了时任全国人民代表大会副委员长的邓颖超，写了一封求助信：

> 邓副委员长：
>
> 我名沈从文，解放后，就在历史博物馆研究文物……
>
> 我今年已经 75 岁，体力虽不如十多年前健康，工作情绪还未衰退，

迫切希望还能争取几年时间，把总理生前交付给我这份任务，努力完成。并尽可能把其他所学，在国内文物研究始终还是"空白点"的部分，我由于常识较多，也能从"共同提高"目的着手，把能写的逐一写出，才对得起党的教育和总理对我的期望。因此写这个信，盼望能得到你一点帮助，为解决一下住处问题。房子并不要求太好，只希望房间宽敞一些，环境比较清静，交通也还便利。家中老幼三代六个人住在一处，日常生活能得到一点照料，工作室能够把应用图书资料分门别类摊开。翻检查用时，不必我爬向高处找寻，使家中人为此担心跌倒。助手抄书、绘图，还有个空处可以坐下来从容进行工作。外边人来商请协助工作，借看资料时，还有个回旋余地，不至于影响到家中人，使他们生活工作受妨碍……估计能有四五间房子，就可望把这点有限生命，集中用到待进行工作中去。对我来说，这种新的工作，生活条件就够好了，算得十分幸运，此外再无多求。烦扰您处，实在深感不安！

敬此

并祝尊体健康！

沈从文

（1977年）八月九日

沈从文后来还致信给当时的统战部部长乌兰夫，请求解决住房问题。但在那个百废待兴的年代，许多人需要落实政策，各有关部门均无暇顾及沈从文的问题。后来，胡乔木任中国社会科学院院长时，尽了最大的努力，出面帮他配备了助手，解决了医疗问题，对他的待遇也由四级研究员调到二级。在没有房子可配给沈从文时，又是胡乔木决定由中国社会科学院出面在友谊宾馆长期包房，给沈从文作临时工作室。几个月后，《中国古代服饰研究》终于定稿。这本沈从文解放后花了十多年心血写成的书，使他毫无愧色地跻身于文化史、风俗史专家的行列。

1981 年 9 月，《中国古代服饰研究》由商务印书馆香港分馆出版，初版印 3000 册，一个月内即已出售 2000 册。书印得很漂亮、大方，沈从文非常满意。从友谊宾馆搬出后，沈从文仍然没有一个好的工作环境。沈从文还想把服装研究工作坚持进行下去，但生活工作条件太糟糕了。《中国古代服饰研究》出版不久，供国内出版的修订本的工作又摆在面前。1985 年 5 月 18 日，老作家萧离致信中共中央总书记胡耀邦，反映沈从文的住房生活问题，受到中央的重视。当年 6 月，中共中央组织部为解决沈从文的住房和待遇问题向中国社会科学院发文：中央同意，沈从文先生为正部级研究员，按部长级解决工资、住房和其他待遇问题。工资 300 元，从 6 月份起。1986 年，沈从文 84 岁时终于分到一套大三居的宿舍，迁入崇文门大街 22 号新居。这年秋天，我去看望沈从文夫妇，看到他们都有自己的书房，宽敞的会客厅。但是沈从文的身体太差了，第一次中风后还没有完全恢复，又因为基底动脉供血不足住进了中日友好医院，现在刚从医院出院回家。我为此替沈先生难过。沈先生送我一本《中国古代服饰研究》增订本，他靠在躺椅上说："手发抖，就不签名了。"

沈先生于 1988 年 5 月 10 日，晚 8 时 30 分在家中逝世，终年 86 岁。他逝世时很安详，像是没有什么痛苦和遗憾。

1988 年 5 月 18 日上午，我去八宝山向沈先生遗体告别，这是由家属组织的告别仪式，不带官方色彩：没有主持人、没有悼词、没有哀乐。在贝多芬奏鸣曲《悲怆》——这是沈从文生前最喜欢的音乐——的旋律中，来自四面八方的亲友、朋友、同事、学生，将精选的一株株月季花放在他的身边……人们以最朴素的方式向这位文学大师做最后的诀别。我紧紧地握着沈夫人的手说："我谨代表去世的父亲陈翔鹤和母亲王迪若及全家，来向沈先生告别，请节哀。"这是这么多年来我参加的最感人的遗体告别仪式。

当我在 1992 年秋天，再去看望张兆和老人时，老人显然已从失去老伴的悲痛中走出来了。她平静地、细声细气地向我述说："今年 5 月，是从文逝世 4 周年，我们全家把他的骨灰带回了家乡，他生前不事声张，死后肯定也不愿惊动故乡人。我们就把他的骨灰一半洒入沱江，一半埋进墓园。家里从文遗照前我从未断过鲜花，这几年我把开败的落英收藏起来，就是为这次在沱江洒骨灰时，让这些玫瑰花瓣再陪从文走一程……"

张兆和老人还是拿出许多当时的照片让我看。沈先生的墓地位于听涛山下，这里没有造价高昂的墓碑，只有一块天然五色石，正面碑文是沈先生自己的手迹："照我思索，能理解'我'，照我思索，可认识'人'"；背面的碑文是张兆和的四妹张充和书写的"不折不从，亦慈亦让；星斗其文，赤子其人"。离墓碑不远的树荫下，有黄永玉为表叔立的一块石碑，石碑上写着："一个士兵，要不战死沙场，便是回到故乡。"这也是沈先生自己的话，表达了他对养育自己家乡的一片深情。

在沈从文逝世后的十年间，张兆和把全部精力都放在整理、编辑沈从文的文稿上了。她主持出版了 20 卷的《沈从文别集》。集中收进了过去从未发表过的一些作品。沈从文当年追求张兆和时曾是写情书的能手，可惜那些精彩的情书已毁于日军侵陷苏州的战火之中。而《别集》中却收进了难得一见的沈先生和张兆和婚后第一次离别的书简。

说到张兆和，沈先生对她四年多的苦苦追求，对她的钟情和爱恋是完完全全对的。她年轻时是一个外美内秀的新女性。跟沈从文结合 55

午患难与共的岁月里，更加证明了她是外柔内刚，无比坚强，有见识、做事决断的好妻子。在沈从文最困难的日子里，她寸步不离左右，给沈从文以力量、信心、勇气和安全感。她不愧是沈从文的爱妻，贤内助。他们夫妻相濡以沫 55 年，给后人树立了纯朴爱恋的典范。

赵元任与杨步伟的婚礼

——

邹　凌

　　1921 年 6 月 2 日北京《晨报》以特大字号发了《新式人物之新式结婚》一文，称赵元任、杨步伟夫妇不请客、不收礼，将亲友赠送的喜钱捐赠给中国科学社，夫妻双双只和两位证人在自己寓所内举行了最简单的婚礼。这则消息一经登出，颇有轰动。两位青年人敢于冲破婚姻陋俗，自由自主地选择自己的婚礼，在旧中国是罕见的事，就连一些外国使节看了消息后，也极为称赞。

　　赵元任和杨步伟相识于 1920 年 9 月，赵时任清华大学教授，每月薪水很可观，而杨任森仁医院院长，每月的收入也较高，按旧中国的婚姻传统，二人本可以把婚事办得非常体面。但是他们除了租一间房屋外，一反传统的结婚典礼，一概从简。因当时法律规定，无婚书，无两人做证，就不能作为正式的结婚。所以，他们除了选两人证婚外，亲戚朋友不请，也不收礼。赵写的结婚通知书，在当时亦可谓是独树一帜："赵元任博士和杨步伟女医士恭敬地对朋友们和亲戚们送呈这件临时的通知书，告诉诸位，他们两个人在这信未到之先，已经在民国十年（即

1921年）6月1日下午3点钟东经120度平均太阳标准时，在北京自主结婚。告诉诸位，他们结婚的证婚人：胡适之博士，朱徵女医士。告诉诸位，因为要破除近来新旧界中俗陋的虚文和无为的繁费的习气，所以除底下两个例外，贺礼一概不收：例外一，抽象的好意，例如表示于书信、诗文或音乐等，由送礼者自创的非物质的贺礼。例外二，或由各位用自己的名义捐款给中国科学社……"

胡适和朱徵（朱经农的姐姐）按照赵、杨约定的时间来到小雅宝胡同甲49号。在这之前，朱已知不要送礼（朱和杨在同一医院工作），而胡适却不知道，手里拿着一个纸包，一进门就说是不是现在就可以赠送。赵一见忙请胡遵守通知书中的要求，不要越格。胡听罢哈哈大笑说："正对，这是我自己考证的《红楼梦》，可以算是自己写的东西吧。"赵、杨大喜，愉快地收下了礼物。这下把朱急坏了，因她来时两手空空，忙说："我拿什么自己做的礼来送呢？"胡一旁笑道："那个容易，将来他们生了小孩你给接生好了。"朱听了又想笑又不好意思，瞥了胡一眼。

婚礼开始了，大家津津有味地吃罢赵、杨自己做的简单"喜宴"，赵拿出自己事先用中英文写好的结婚证书，请胡、朱证婚签字，在欢乐的气氛中随之宣布婚礼结束。

"我一生永远忘不了的三件事"

——访老舍夫人胡絜青

秦九凤

走过漆黑的地下通道、爬上充满阳光的楼层，终于找到了事先约定的房舍，我轻轻按响了门铃。

门由一位中年妇女开启，随即溢出了一股幽幽的香气。原来这楼舍虽然矮小，但布置得却十分雅致、得体。小小的会客室内，一盆盆仙人掌、君子兰等花草长得生机盎然；客厅东墙上悬挂着一幅已故著名国画大师齐白石绘赠弟子胡絜青的《虾戏图》；客厅西壁则是胡老的一幅大照片和一张她自画的国画，但却没有见到老舍先生的照片，也许这是老人怕见了伤感吧？

正打量、猜想中，中年妇女叫醒了午睡的胡老，她老人家匆匆地抹了一把脸，就迈着娇小的步子走了过来，慈祥和蔼地和我们亲切握手，问姓问名……她不用人搀扶，动作又那么爽利，若不是亲身所历、亲眼所见，谁也不会相信她已是一位92岁高龄的"世纪老人"，只是和她说话时，声音要放高些，她的右耳有点耳背。

当她终于弄清我来自江苏省淮安市周恩来纪念馆时，老人立即不假思索地大声说："我这一生永远忘不了三件事：从北平（京）逃到重庆、老舍的死和周总理的恩情。"就这样，这位今年被北京市政府评为十位健康老人第一位的长者像坐进了茶馆一样侃了起来。

卢沟桥事变后不久，华北沦陷，古都北平也随之沦入敌手，老舍先生避难先去了重庆。我受孩子太小的拖累，暂时蛰居于北平，尝够了当亡国奴的滋味，就想方设法与老舍联系让我也去重庆。老舍通过一位李先生（后来才知道是冯玉祥将军夫人李德全的弟弟）捎信给我说，重庆商品匮乏，吃、穿、用都得准备好，特别疟疾传染得很厉害，必须带蚊帐去，否则一家人去了也是受罪。我就悄悄购买，默默准备。经过两年多时间，才把三个孩子的一应衣服、蚊帐、棉被、锅碗瓢勺等，所有餐具、炊具等置办齐全，哪怕走在半路上，我也能支灶做饭，不求于人。这么一来，四季衣服及生活用品等，整整装了 5 个柳条包和卷了 5 个大铺盖卷，共 10 件行李。那时我才是一个三十几岁的妇女，还要带着 10 岁、8 岁、6 岁的三个孩子从北平逃到重庆，千里迢迢，千山万水。别人都劝说我不要去了吧。我摇摇头说："不能，亡国奴的日子我一天也过不下去了！"

就在我要弃家上路时，好心的人又劝我说，你从这里去重庆，先要走出日本人的沦陷区，再到国民党的统治区，有的地方还是共产党的游击区，碰上哪一方面的人你都说不清楚，都得倒霉。特别是河南省有一个叫界首的地方，那里如今是三交界，三不管的地方。如果碰上国民党兵，因为你来自沦陷区，他会说你是汉奸，把你枪毙；如果碰上日本巡逻队，他会认为你不是忠于大日本天皇的"良民"，把你作为"刁民"对待，也枪毙；要是遇上散兵游勇、土匪、流氓，后果更不堪设想。这些说法虽然可怕，但是没有使我动摇。我坚定地说："只要有一线生的希望，我也要逃出北平，与老舍团聚。"

就这样我带着3个孩子，10件行李悄悄走上这逃荒之路。从北平到重庆，整整走了50天，历尽千辛万苦。在从安徽亳州到陕西宝鸡的路上，本来是有汽车通行的，可司机一见我那3个孩子和10件行李，说什么也不肯带我。我只好雇了一辆由人在前面拉的架子车，架子车可以让三个孩子坐上，装上行李，但是架车人说路途太远，大人不能坐车，所以我只能跟着车子走。一路上遇上大村子就得投宿，不能盲目赶路，如果前不着村，后不着店，就有可能出事，就这样提心吊胆地走走歇歇。在河南省境内，有一次我一不小心，一脚踩空跌入一个大坑，那坑有一丈多深，怎么也爬不上来。孩子们都吓得失声大哭。后来，驾车手拔来一棵小树，他在上头拽着树根，我在下边抓着树枝，像爬树那样，一寸一分地往上挪，真是费了九牛二虎之力才爬出坑。当孩子们破涕而笑的时候，我却一下子吓瘫在了地上。原来那是国民党部队为了阻滞日军坦克等机械化部队的进攻，在交通要道上挖的工事，直径都是六七尺，深在八尺到一丈，坑壁几乎都是直上直下的，而且在路面上挖得东一个西一个没有一点规律。我怕架子车落下去，摔坏了孩子，就四面瞅着且走且退，所以才不小心跌入坑中。

从陕西的宝鸡上火车就更惨了。那时逃难的人太多，都是拼命往上挤，我又是孩子又是行李卷，只好一个一个求人家帮忙，先是把孩子一个一个往人缝里塞，让他们先挤上车；再把行李卷、柳条包一件件从窗户里往车厢里扔，怕摔坏了也没办法；最后我又求人家把我扛起来送到车窗口，我就拼命抓住车厢朝里钻，这时火车就已开动了，我的孩子又都哭着喊妈妈，人们这才让出一点缝隙，让我爬进了火车。那列火车，不仅车厢里挤得水泄不通，连车厢连接处，洗手间、卫生间都塞满了人。有些无钱买票的人干脆爬到车厢顶上，任凭风吹雨打，以求一线生机。西北山路多，碰上火车钻山洞时，有经验的难民脸朝下把整个身子贴在火车顶上，没经验的坐在上头，被洞顶刮得像麻袋包一样往地上摔，人血一直溅到车厢内来，臭味就更不用说了，可见这些洞里已不知摔死了多少逃荒落难的人。半个多世纪过去了，我每每想起那50天的逃难经过和自己一路上的所见所闻，还心有余悸。日本军国主义的侵略行径带给我们民族的灾难太深太重了，侵略者欠我们中华儿女的血债是永远偿还不了的。

胡老虽然高龄，但谈兴很浓，说话中间连一口水也不喝。很快她就说到老舍先生"文革"年间投水自杀的事上了。

到重庆后，我到北碚师范学校教书，老舍先生不久去了美国，我还是一个人拉扯几个孩子。抗战胜利后，"蒋该死"（介石）一个心眼打内战，极其残酷地压迫和剥削人民。到1948年，我每月200元金圆券的工资只能兑银圆八毛七分，怎么也不够养活一家几口人。就这样，我一直坚持到中华人民共和国成立后，直到老舍在周总理的直接关怀下回到北京，我才由重庆回到阔别7年的北京，才过了十几年的平静生活，"文化大革命"的风暴就刮起来了。

老舍出事的前两天，文联开会，老舍问茅盾先生："明天的斗批改大会你参加不参加？"茅盾先生没有作正面回答，只轻轻地向他摇了摇手。第二天，老舍问我："今天是红卫兵学生们'帮助'我们文联搞斗批改，你看我参加不参加？"我说："没有通知你就不参加。""文化大革命是触及每个人灵魂的一场大革命，我怎么能不参加呢？"我无言以对。于是他就去了，谁知一到那里，早已做好准备的"造反派"们就贴出了口号和标语，宣布了老舍的所谓三条罪状：美国特务、反革命分子、修正主义分子（说他在美国银行存有大批美元）。

"造反派"和"红卫兵"们都是那个时代的"英雄"。他们不由你分说，一边扭过老舍双臂让他做"喷气式""请罪"，一边对他拳脚相加。老舍分辩说："我不是反革命，我写的作品都是歌颂新社会和中国共产党的。""造反派"们马上讥笑地反问他："你歌颂共产党为什么共产党不要你入党呀？"

提起入党的事，老舍更痛苦。即20世纪50年代末到60年代初，梅兰芳、程砚秋等艺术家们相继入党，老舍也写了入党申请报告，提出入党的要求。报告最后送到周总理手里，周总理亲自来到我们家里，对老舍说："老舍先生，你的入党要求我们知道了，我想就这件事和你商量一下，在目前帝国主义和反动派们对我们新中国实行孤立、禁运、封锁的情况下，我们认为你暂时还是留在党外好。因为有些事，让我们自己说，或者让我们的党员同志说，都不太方便，而让你一个有声望的党外人士说，作用就大多了，对党的贡献反而会更大，你看呢？"周总理说话从不强加于人，不发号施令。老舍对周总理的话完全理解，他也十分尊重周总理，就说："谢谢总理的关心，我听党的，听总理的。"所以，当周总理听说老舍出事后，当着他身边工作人员的面，跺着脚说："把老舍先生弄到这步田地，叫我怎么向国际社会交代啊！"

那天老舍被打得皮开肉绽之后，已经站不起来，有人怕当场被打死，就把他拖到附近一个派出所。几个红卫兵听说他是"反革命"，马上又冲进屋内你踢几脚，他踹几下。

我知道消息时已经是晚上了，忙奔到那个小派出所，在门口等了许久，才让我进旁边的小屋。一进门就见到他满脸是血地躺在地上，眼睛紧紧闭着。我走到他跟前，俯下身，拉着他的手，把他轻轻扶坐起来。这时，他两只手才紧紧地抓着我的手，久久没有松开。我俩谁也没说一句话。当时，找不到车辆，我也背不动他，就在北京街上到处找，找了好久，才找到了一辆平板人力三轮车。我就上前求人家："请您行个好吧，我们有一位年岁大的老头受了伤，请您帮个忙，把他送回家去。"那位同志终于被我说得感动了，我俩才坐上他的车回了家。

回家后，老舍不吃不喝，光坐着发愣，我用棉花轻轻帮他擦去脸上、身上的血，帮他换了衣裳，让他躺下休息，在那百思不得其解的恐怖中度过了一个难眠的黑夜。

第二天，老舍仍然没有吃东西。我知道他的脾气犟，就对他说："今天我俩都不出去吧？"他瞪了我一眼："为什么不出去呢？我们真是反革命、特务？不敢见群众了？"我扭不过他，只好默默地把他房间里的剪刀、皮带等可能致他于意外的东西统统拿走，锁到另一个房间里。在我行将离家时，他又一次两手紧紧抓住我的手，凝视我好久，我也预感可能要发生什么意外，可是在那叫天不灵，叫地不应的日子里，又有啥办法呢？

听说我离家不久，老舍整理了一下自己的衣服，拿上一本《毛主席诗词》就出去了。走到院里，他见4岁的小孙女在那里玩，还把小孙女叫到面前，拉着孩子的小手说："跟爷爷说'爷爷再见'。"天真的孩子哪里知道这是和爷爷的永别？！还真的说了"爷爷再见"并向她爷爷摇了摇小手。

老舍出门后，就一直往北走，走到太平湖（此湖今已不存，改建成地铁停车场）边，坐在那里读起了《毛主席诗词》。整整读了一天，天黑以后，他头朝下、脚朝上投进了那一汪平静的湖水。

我中午回家时，小孙女只告诉我"爷爷出去了"。到晚上还没有回来。我慌了，到处找，打电话，结果都没有他的影儿。一直找到第二天下午，才有人告诉我，太平湖那儿有一个老头投水死了，好像是老舍。我急忙奔上公共汽车，找到湖边。见到他已被人捞了起来，平放在地上。他嘴、鼻皆流着血，上身穿白汗衫、下身穿蓝裤子，脚上的黑色千层底鞋子，白色的袜子等都干干净净，可见那是他把头埋进水中之后，自己用双手硬性扒住湖崖石头淹死的。那本他带出去的《毛主席诗词》还漂在水里没有沉下去。

我见到老舍先生躺在地上，不知怎么是好。看湖的人提醒说："给他的单位打个电话，怎么说也得把尸体尽快处理掉！"我就找到附近一家单位，给北京市文联挂了个电话，他们在电话里回告我说，你先等着，马上有车来。我一直等到天黑，才来了一辆卡车。他们抬上老舍遗体，我也就爬上车，守在他的身旁，开到八宝山，天已漆黑了。去的人告诉我，他是"反革命"分子，火化后就不保留骨灰了。我忙合十作揖说："那就谢天谢地了。"（后来骨灰还是保存了，也许是上边什么人知道了吧）当时遗体还没有火化，他们就叫我先回去，如果等还早呢，我就只好向卡车上投去最后一瞥，从八宝山拖着沉重的脚步往回挪。那真是个昏天黑地的日子，也不知走了多久，回到东城我家里时已是清晨5点多钟了。这时我家里屋外到处贴满了"大字报"，子女们又都在极"左"思潮压制下，被迫与"反革命"的父亲"划清界限"。我一个人孤零零地站在院子里，心里想着：我还活不活呢？这时使我想不到的是"进驻"我家的一批北京市六十四中的高三学生却悄悄安慰我说："你去做点吃的，你不能也不明不白地去死啊？如果那样以后有许多事就没人说得清了。"在那个岁月里，这两句平平常常的话却给了我莫大的安慰和活下去的勇气。学生们还告诉我，你的电话也不要拆，如果有别的"造反派"再来你家，你就拨这个电话号码，我们马上就来。他们一边说一边递给我一个写有电话号码的小纸条。当时我真有点不敢相信，后来才知道是周总理发下了话，他说服了一批学生来保护我。

说到周恩来对老舍先生的关心爱护，胡老显得格外激动、兴奋，就好像是茶馆里一部既生动而又讲不完的长书。

　　我们位于东城的那个四合院（即今北京的老舍故居），还是老舍刚回国时自己花钱买的。全是灰泥砖砌的墙壁，四方砖铺地。常年地面潮湿，墙壁斑驳，屋内凉气大，这对经常写作的老舍的身体健康很有害。一次，已是春天了，老舍还穿着一件羊皮筒子去参加一个总理召开的会议。会开过了，总理问老舍："老舍先生，你怎么这时还穿着羊皮筒子？"老舍以实相告。周总理听了以后，两道剑眉立即拧到了一起。他当场就给北京市的领导人（老舍时任北京市文联主席）拨了电话，要他们给老舍家铺上地板。过了几天，他见北京市政府还没有落实这件事，又直接指示国务院机关事务管理局，要他们立即去解决并把结果报告给他。机关事务管理局的两名同志带着总理的指示来到我家实地看了后，认为我们家是老式四合院平房，如果刨掉方砖铺地板，可能危及房屋安全，就同老舍商量，采取不挖掉方砖的办法，把老舍的写作室铺上一层木板，改善一下老舍的工作环境。老舍同意后，他们很快就把木板给铺好了。

　　老舍去世后，我们那点工资不够全家生活开支，又是六十四中的红卫兵们悄悄告诉我，你可以到银行去提取已被"冻结"的老舍先生的八万元稿费存款，贴补家用，这才使我们一家活过来。当时，如果不是周总理，恐怕谁也做不了这件事。在北海公园，老舍生前曾题写过"仿膳"两个字被红卫兵除"四旧"砸了。1975 年重病中的周总理一次散步到那里发现后，立即指示有关人员，要他们马上恢复老舍写的"仿膳"两个字。在老舍骨灰安放仪式举行前半个小时，邓大姐把我叫到她跟前，并把我的几个孩子都叫到身边，说："如果恩来在世，他一定会头一个来参加。"我说："我相信。"大姐又对我的孩子们说："你们要向你妈妈学习；恩来曾多次跟我说过，胡絜青是个十分坚强的人。"

　　在不知不觉中，胡老已经谈了一个多小时，她三叉神经有点痛，当她终于端起那碗温热多遍的中药时，我们怕累了老人，就起身告辞。可是胡老却一直沉浸在她对周恩来的追思之中，放下药碗又背诵起她书写的赞誉周恩来的诗章：

为理为善为人民，
无儿无女无一文。
聪颖机智操巨细，
宇宙声誉是全人。

冰心与吴文藻："二人同心，其利断金"

———

傅光明

1923 年 8 月 17 日下午，美国邮船杰克逊总统号载着一大批中国的精英，驶离上上海黄浦码头。这些精英多来自清华。那时的清华无疑就是一所留美预备学校，高等科的学生大都一毕业，便成批结伴"放洋"。刚从燕京大学毕业的冰心，是第一次离家远足，同行的人中只与许地山和陶玲两人相熟。为排解思乡离愁的别苦，他们常一起在栏前极目远眺，观海上日出，望粼粼碧波，或到甲板上散步、集会、玩抛沙袋等游戏。

冰心对相伴左右的许地山始终以师长相待。她应感觉得到他对她的暗恋，尽管她对他也很有好感，却早有声言，一不嫁军人，二不嫁文艺同人。

冰心是 1920 年在燕大课堂上与这位长她七岁的"乡长老师"认识的，当时许是周作人的助教，并时以高班同学的身份替老师讲课。他为人敦厚、热情、风趣，课堂里总是笑声不断。他们真正相熟，是从编辑《燕大学生周刊》开始的。三个男生编辑是许地山、熊佛西和瞿世英，两名女生编辑是冰心和一位陈姓同学。这种活泼的课外活动，使他们成了亲密的好朋友。两人的纯洁友谊与其生命相始终。

不知是因为感到情缘未到，还是对冰心的有意回避有所察觉，许地山始终将深沉的爱恋埋在心底，未加表白。但他希望自己心爱的人找到真正的幸福，并无论何时何地，都愿为她做任何事。正是他一次"阴差阳错"的热情相助，牵引出冰心日后的爱情。

忽一日，正在甲板上玩抛沙袋游戏的冰心想起先她赴美的贝满中学同学吴楼梅的信，说她弟弟吴卓是本届清华毕业生，可能同船出国，望给予关照。冰心和清华男生不熟，到舱中找人又多有不便，只好求助许地山去把吴先生找来。孰料一班有两位吴先生，此吴非彼吴，此吴者，吴文藻也，恰与吴卓同班。谁说这样的尴尬不是缘。

玩累了游戏，两人靠着栏杆聊起天来。吴文藻是去达特默思学院读社会学。冰心是去威尔斯利女子大学研究院，准备选修一些研究 19 世纪英国诗人的课。当吴文藻从冰心坦然的回答得知她有几本英美研究拜伦和雪莱的重要论著没有读过，显得很惊讶。这位"书虫"一本正经地说："这么重要的书你都没看过？你如果不趁在国外的时间多看一些课外书，这趟美国就白来了。"

这样逆耳的忠言，冰心从未听过。出国前，她已出版了诗集《繁星》《春水》和小说集《超人》，是人们在一见面时就要"久仰、久仰"的才女，而且蜚声文坛，也听惯了恭维的客套话。面对这样坦率的进言，着实有点下不了台。但她心里已"悚然地把他作为我的第一个诤友、畏友！"

9 月 1 日，杰克逊总统号抵达西雅图，船上相识的留学生们互相留个便于日后联系的地址，就各奔西东了。所以后来许地山最爱开冰心的玩笑说："亏了那次的'阴差阳错'，否则你们到美后，一个在东方的波士顿的威尔斯利，一个在北方的新罕布尔州的达特默恩，相去有七八个小时的火车，也许就永远没有机会相识了！"

刚刚安顿下来，冰心就收到一沓新朋友们的来信，多是报安问候，也有表敬仰之意甚至爱慕之情的。冰心则一律以秀美的威校风景明信片礼貌地应酬几句作复。独独对寄来明信片的吴文藻，却专门写了一封热情的回信。"心有灵犀一点通"，吴文藻觉出冰心的来信似乎隐含着某种难以言说的意味，便开始以他特有的书痴方式传递爱的信息了。他为冰心买来认为必读的书，自己先看，并用红笔将他认为书中的重要部分或精彩篇章画出来，再写信告诉冰心，这书应该读，若没时间，起码应读红笔标出的部分，最后将书、信打包，快件寄往威尔斯利。

冰心"一收到书就赶紧看，看过就写信报告我的体会和心得，像老师指定的参考书一样的认真。老师和我作课外谈话时，对于我课外阅读之广泛，感到惊讶，问我是谁给我的帮助？我告诉她，是我的一位中国朋友。她说：'你的这位朋友是个很好的学者！'"

入威校不到 9 个星期，冰心因吐血住进了青山沙穰疗养院，与病友们一起度过了难忘的圣诞平安夜。碰巧吴文藻要去纽约，路经波士顿与清华同学集会，听到冰心生病的消息，便约了顾一樵等几位船上结识的朋友，专程来探望她。吴文藻劝冰心要听医生的话，好好休养，使少女的心里充满了暖意。

青山一别，匆匆一年过去，两人各忙学业，加之路途遥远，未再见面，但两人心底都涌出一种爱的思念，渴望尽快相见。不过正像梁实秋评价当时的冰心，"对人有几分矜持，至于她的胸襟之高超，感觉之敏锐，性情之细腻，均非一般人所可企及。"终于机会来了，冰心和几个留美同学要上演《琵琶记》，其中梁实秋演蔡中郎，顾一樵演牛丞相，冰心演丞相之女。冰心给吴文藻去信，并寄去了入场券，请他前来波士顿。收到信的吴文藻犹豫起来，他喜欢这位气质高贵、性情文雅的少女，也读懂了她的芳心，但一想到自己出身寒微，冰心又有那么大的名气，将来能否和谐地生活在一起，实在是个未知数。现实地一想，他以准备论文为由回复冰心，为不能来波士顿致歉。冰心一面怪吴文藻太过书呆子气，一面思忖自己是否热情过了头。可就在《琵琶记》上演的那个晚上，吴文藻准时赶到了波士顿美术剧院。冰心喜出望外，她相信这只能是爱的力量使情缘得以延续。

美国大学研究院规定，研究生取得硕士学位，除母语外，必须掌握两门外语。冰心决定在留学的最后一个暑假，到位于纽约州东部绮色佳小城的康奈尔大学补习法语。是事有凑巧，还是天公作美，冰心的行李尚未落定，吴文藻即已出现在眼前。他也是来选修第二外语的。真是人生有缘才相聚。

景致幽深、美丽绮人的绮色佳为两人的热恋筑起了甜蜜的归巢。林间漫步、湖中荡舟、泉边留影、月下私语，沉浸在诗意恋爱里的这对男女被富有激情的幸福感包围了，吴文藻以当时西方的求爱方式问冰心："我们可不可以最亲密地永远生活在一起？"并表示希望做她的终生伴侣。怀春的少女一夜不成眠。第二天，她告诉文藻，自己的婚事得父母同意后方能确定。其实，她心里清楚，只要自己愿意，最疼爱她的父母当然会同意。

憨厚的吴文藻学业爱情两不误，撰写硕士论文的同时，还给冰心的父母写了长达五页信纸的求婚书，恳切希望二老将令爱托付给他："……令爱是一位新思想旧道德兼备的完人。……自我钟情于令爱之后，我无时不深思默想，思天赐之厚，想令爱之恩。因而勉励自己，力求人格的完成，督察自己，永葆爱情的专一。……家庭是社会的雏形，也是一切高尚思想的发育地和纯洁情感的养成所。……我这时聚精会神的程度，是生来所未有的。我的情思里，充满了无限的惶恐。我一生的成功或失败，快乐或痛苦，都系于长者之一言。假如长者以为藻之才德，不足以仰匹令爱，我也只可听命运的支配，而供养她于自己的心宫；且竭毕生之力于学问，以永志我此生曾受之灵感……"

冰心是应燕大校长司徒雷登之邀回到湖光塔影的燕园任教的。吴文藻则留在美国继续攻读博士学位，直到 1929 年 2 月回国。三年间，两颗挚恋的心只把思念写满鸿雁，情爱反因分别变得更真，更纯，更成熟。回来的当晚，吴文藻就按西俗，将一枚精致的钻戒送给冰心，希望她戴上。冰心让文藻先别急。冰心的家此时已搬往上海。两人遂乘车南下。在最后征得父母的同意后，冰心才戴上了那枚随文藻漂洋归来的钻戒。

1929 年 6 月 15 日，冰心与吴文藻的婚礼在未名湖畔的临湖轩举行。临湖轩是冰心起好名，请胡适书写的。婚礼由司徒雷登主持。洞房选在了清幽的西山大觉寺。暑假，新婚夫妇南下省亲，冰心的父母在上海、文藻的父母在家乡江阴又各为他们置办了婚宴。

重返北平，冰心和文藻住进了整修好的燕南园 66 号小楼。两人终于有了自己温馨的家，完全沉浸在事业与爱情同步发展的欢乐颂中。

母亲的病故，令冰心顿感人生极短，生前应尝尽温柔，"只愿我能在一切的爱中陶醉，沉没。这情爱之杯，我要满满的斟，满满的饮。……人生本质是痛苦，痛苦之源，乃是爱情过重。但是我们仍不能不饮鸩止渴，仍从人生痛苦之爱情中求慰安。何等的痴愚啊，何等的矛盾啊！"最挚爱的母亲葬在九泉之下了，只有文藻是她的幻梦。

文藻在燕大社会学的讲坛上实现着他"社会学中国化"的梦想。任教一年后，他即被聘为教授，随后不久出任社会学系主任、法学院院长，安然过上了书呆子的生活。三个孩子相继出世，纤弱的冰心撑起一个家，她要教书、写作，同时又要做"相夫教子"的家庭主妇。海伦·斯诺称他俩是"中国青年婚姻的楷模"。

冰心和吴文藻属于那种情趣相投、性格特点互为补充的夫妻。他们思想彻底，感情浓密，意志坚强，爱情专一，不轻易地爱一个人，如果爱上了，即永久不变。他们追求不朽的爱，因为爱是人格不朽生命永延的源泉。不朽是宗教的精神，人世间没有比爱更崇高的宗教。在他们眼里，婚姻不是爱情的坟墓，而是更亲密的、灵肉合一的爱情的开始。"一个家庭要长久地生活在双方的人际关系之中，不但要抚养自己的儿女，还要奉养双方的父母，而且还要亲切和睦地处在双方的亲、友、师、生等之间。"

冰心与吴文藻的琴瑟和鸣产生出强大的亲和力，燕南园 66 号小楼是三个孩子健康成长的伊甸园，也是各方朋友的沙龙。时间久了，两人各自的同学、学生或朋友都成了共同的知己，像巴金、老舍、沙汀、顾一樵、梁实秋、孙立人、潘光旦、费孝通、雷洁琼、郭绍虞、俞平伯、郑振铎、钱玄同等。

七七事变以后，燕大的旗杆上飘起了星条旗，这是司徒雷登的一番苦心，试图在战争的阴云下保留一片圣洁和宁静。但日军的炮火击碎了吴文藻"社会学中国化"的梦想，更重要的是，两人无法让深厚的民族感情在国家危难关头去接受星条旗的庇佑。

惜别北平的日子临近了，司徒雷登感伤地叮嘱他们路上小心，并随时等着他们重返燕大任教。最后，他动情地说："孩子，临湖轩是你们的家，燕园就是你们的家。"

别了，苦恋的北平！别了，死去的北平！冰心抑制住酸楚的泪，随吴文藻远赴昆明云南大学，筹建社会学系，继续实践他"社会学中国化"的计划。吴文藻在云南期间为中国社会学的发展所做出的卓越贡献，得到了国内外学者的关注和称誉。

冰心将他们安在昆明近郊一祠堂里的家起名"默庐"，家庭的一切开支全由吴文藻一人撑起。这时的冰心越来越佩服这位"傻姑爷",他"很稳,很乐观,好像一头牛,低首苦干,不像我的 sentimental(多愁善感)"。

1940 年冬,冰心、文藻到了重庆。先蛰居在顾一樵的"嘉庐",不久即搬入歌乐山中的"潜庐"。吴文藻进入了国防最高委员会参事室,想以从政的便利追求他"社会学中国化"的理想。冰心也当过一阵子女参政员和联合妇女抗日的"妇女指导委员会"委员,直接参加抗日工作。"我们是疲乏却不颓丧,是痛苦却不悲凉,我们沉默地负起了时代的使命。"吴文藻正是在此时提出了建立"边政学"的理论命题,冰心也在重庆的"忙"与"挤"中写出《关于女人》的名作。后来冰心辞去政职,幽居歌乐山中专事写作。为了节省开销,她还在"潜庐"门口种上了南瓜,他们晚上往往吃稀饭,孩子们每顿都抱怨没肉吃,却从来不亏待上山来的朋友们。难怪冰心常要嘲笑文藻是"朋友第一,书第二,女儿第三,儿子第四,太太第五"。

抗战胜利后,冰心和文藻回到北平,最先去看的是燕南园 66 号小楼。他们八年前的家,现时已是一片狼藉。文藻存放在阁楼上的几十盒笔记、教材、日记本,在美时与冰心长达六年的通信,早已荡然无存。太平洋战争一爆发,日军就占领了燕京大学,燕园住满了宪兵,文藻的书房竟变成了拷问教授的刑室。但令他们高兴的是,见到了劫后余生的司徒雷登,冰心答应将司徒雷登的经历写下来。

不久,冰心和文藻随国民政府驻日代表团前往东京,他们一心想的是为战后的国家和民族争取权利与地位,呼唤世界和平,要人们用爱与同情,用基督伟大的爱心和博爱精神去疗救战争给心灵造成的巨大创伤,"他(耶稣)憎恨一切以人民为对象的暴力,但对于自己所身受的凌虐毒害,却以宽容伟大的话语祷告着说'愿天父赦免他们,因为他们所做的，他们自己不知道'"。

1951 年，冰心、文藻辗转回到北京。这里的一切都呈现出新气象。周恩来安排他们住在崇文门内洋溢胡同的一所四合院。冰心脱下穿了几十年的旗袍，改穿列宁装，文藻也由西装变成中山装，认真阅读毛泽东著作，以求在新社会更好地发挥他的学术专长。冰心很快就与新社会的文艺方针合拍，表示要"到工农兵群众中去，到火热的斗争中去"。文藻却面临着一种尴尬，所有的大学都取消了社会学系，而由政治学替代。他被分配到新成立的中央民族学院，开始了民族学研究。冰心和吴文藻也搬进了中央民族学院教工宿舍一个仅有三居室的单元房。但他们没有丝毫的抱怨，冰心由衷地感到"做一个毛泽东时代的中国人的幸福与骄傲"。她一点不留恋燕南园 66 号小楼的温馨日子。相反，她在清算自己的资产阶级思想根源时，把燕京大学说成是美帝国主义文化侵略堡垒中最"出色"的一个，它用湖光塔影的"世外桃源"迷惑中国的教授和学生，加深了其超政治、超阶级的错误思想，安于骄奢逸乐的美国式生活。

1957 年，吴文藻被打成"右派"，剥夺了教研的权利，除了接受批判，进行政治学习，就是去工厂、农村参观，终于认识到是自己坚持的资产阶级理论错了，并把马列主义作为改造世界的强大思想武器。冰心自然高兴文藻的思想进步得这样快。到 1959 年 10 月，吴文藻摘掉"右派"帽，感谢共产党，认为祖国总算没有白回来。直到"文革"，他们也毫不怀疑是自己错了。红卫兵把冰心打成牛鬼蛇神、黑帮作家、司徒雷登的干女儿；吴文藻是国民党的残渣余孽、资产阶级反动学术权威。家被抄干净了。烈日下，已年近七旬的老两口要经常接受造反派的批斗。本来拥挤的单元房里又被安排进另一户人家。"文革"中这种践踏人性、对知识分子灵与肉的摧残，实在是到了令人发指、惨绝人寰的程度。冰心得"早请示"，背诵《毛主席语录》，然后冲洗厕所。她虽在高温下挥镰割麦，也躲不过被造反派反剪双手就在麦地作"喷气式"批斗。文藻在"牛棚"也是吃尽苦头。

1969 年，苦中作乐的冰心与文藻在湖北咸宁的"五七"干校又搭起了一个家，并说好在这里度过晚年。两人相互间爱的支撑和维系竟是这般凄婉。谁料他们会沾上中美关系改善的光，尼克松访华前，毛泽东要看相关书籍。领袖的意志解放了一批学贯中西的学者，冰心、文藻亦奉调回到北京，度过了"十年动乱"中一段最舒心的日子。

在生命即将进入 80 岁之秋的时候，冰心和文藻才重新获得自由。他们搬入了新居。文藻又开始带研究生，重新执笔撰写论文，焕发出迟暮的学术活力。但在"革命"中接受了思想改造的吴文藻，其学术立场也已经革命化了。不知这能否说是个遗憾。1985 年 9 月 24 日，吴文藻辞世。冰心在一年以后写成《我的老伴吴文藻》，深情地回顾了他们忠贞精诚相爱、患难与共的 62 年人生旅程。

1999 年 2 月 28 日，上帝派往人间的爱的使者冰心带着一个世纪的爱和梦去了天国。晚年冰心虽经历了那么多的风雨沧桑，却仍以一颗澄澈到透明的赤子之心，一份清醇隽永的豪迈之情，用她的笔向世人昭示爱的哲学，播撒心灵里的笑语和泪珠，告诉人们要追求真善美，憎恨假恶丑。她能爱能恨，因了爱而恨，因了恨而爱。她相信圣爱能解决一切。她的生命正是在爱里得到升华。

冰心愿将她和文藻的骨灰合葬，在他们的骨灰盒上只写：

江苏江阴吴文藻
福建长乐谢婉莹

两颗挚爱的心永留人间！

爱恨交织的情感历程

——白薇与杨骚之恋

思 齐

相见恨晚

1924 年夏，东京郊外轻井泽。

在如诗如画的山谷中，在幽静的古树林的浓荫下，漫步着一男一女的身影。女的身穿淡蓝色的连衣裙，亭亭玉立；男的身披黑披风，风度潇洒。两人边欣赏着四周的美景，边相互诉说着往事。他们就是后来名重一时的剧作家白薇和诗人杨骚。

此时的白薇，正就读于日本东京御茶之水高等女子师范。而此时的杨骚，刚刚经历了失恋的打击，他那热情与敏感的心灵陷在强烈的痛苦中。留学生中的朋友们出于关心，介绍他认识了白薇。朋友们希望，白薇坚强不屈的个性也许能激励杨骚重新鼓起生活的勇气。

白薇长杨骚一岁，他们相识之后，她真的像大姐姐一样关心他、鼓励他。她向他讲述了自己的经历：

　　白薇出生在湖南省资兴县一个家规极严的乡绅家里，父母对她极其严厉，家中对她最慈爱、与她最亲近的就是曾当过太平天国女兵的祖母。也许，她的叛逆性格就是从祖母那里继承来的。16岁那一年，她被迫嫁给了一个寡妇的独养儿子。婆婆要她干很累的活，一有不顺心的事就以毒打她来发泄。最后，她终于忍受不下去了，就从婆家逃出来，在亲友的资助下，到衡州第三女子师范就读。但在她毕业前夕，父亲买通了学校的校长和教员，让他们监视着她，一旦毕业典礼结束之后，就把她送回婆家。白薇在震惊和愤怒之余，毅然从校园一角一个废旧厕所的地下道中爬出来，在同学们的帮助下，踏上了开往日本的客轮。

　　来到陌生的东京，她先在一个传教士家当女佣，受着主人的歧视与虐待；后来考取了东京御茶之水高等女子师范，争取到一笔官费，终于可以一心一意读书了……

　　杨骚听着白薇那凄凉的身世，禁不住为她那倔强、不屈的性格所打动。他也向她讲述了自己的身世：他出身微贱，而被一个富绅收养，从小过着优裕的生活，但常常为自己的出身而自卑。他幻想着，等将来自己挣了大钱之后，就在西湖边上盖一座宫殿，与朋友们在那里探讨艺术，并资助贫穷的艺术家……

　　白薇听着杨骚那充满激情的叙述，禁不住喜欢上这个热情、爱幻想的弟弟。她鼓励他勇敢面对苦难："要做人，总得和种种悲惨痛苦的环境作战斗，世上没有理想的生活等着人们去享受。只有从艰苦中挣扎出来的生活，才是真正的人生。"

　　他们谈论着文学、诗歌、绘画，大有相见恨晚之感。共同的爱好，同样不幸的身世，两颗需要温暖的心随着彼此的了解贴得越来越近了。终于，友谊发展为炽烈的爱恋。

　　两人对苦难之后的爱情倍加珍视。热情的诗人在白薇面前信誓旦

<u>旦</u>："我非常爱你，我爱你的心、灵、影。爱你那艰苦奋斗的个性。因此，我的心灵也完全交给你。你是我在这世上寻来寻去最理想的女子。"而白薇是第一次感受到爱情的甜美，这爱情又来得那么迅猛、热烈，她的周围似乎一下子充满了阳光与温暖。在她的眼里，杨骚是最清新、最纯洁、最不俗的男性，"我以为一天有他，我的精神就是活的，我的力量会十倍的充实起来"。

然而，诗人的爱情如昙花一现。白薇还沉醉在梦中，她的爱人竟突然失踪了。

她奔波在东京街头，到一切相熟的朋友那里去寻找、询问，没有人知道杨骚的下落。她病倒了，缠绵在病榻上仍不肯在爱的幻梦里醒转来。"我<u>丝丝</u>垂着的发端上，都吊着一位青衣曼陀阴郁的诗人你！我眼仿佛迷惑在海底，手被风妖雨怪拖去似的……"她幻想着，她的爱人说不定哪一天会突然来到她身边，依然爱她，跪在她面前忏悔着……

这信仰支撑着她，冬去春来，她终于收到了杨骚的一封短笺，原来杨骚不辞而别，已经回国去了。这对她不啻晴天霹雳。她恨他的无情无义，但对他强烈的爱终于占了上风。她从朋友那里借了路费，不顾一切地追到杭州。杨骚不仅未受感动，反而很不高兴，并很快离开杭州到南洋去了。

白薇病倒在异乡的旅社中，经受着精神和肉体的双重折磨。最后，卖掉了自己创作的一部诗剧，才结清了房费、饭费和药费，形单影只地回到了日本。

鸳梦重温

1927 年秋，上海。

此时的白薇，已成为文坛的一颗新星。1926 年冬，受到中国国内轰轰烈烈的大革命的感召，在异国漂泊了近十年的白薇回到了祖国的怀抱。经朋友的介绍，到国民政府总政治部国际编译局做日语翻译。她怀着满腔的热情，兢兢业业地工作着，以为自己终于可以为国家作一番贡献了。但是，蒋介石的叛变革命，使中国革命的形势急转直下。白薇觉得自己仿佛做了一场美梦。梦醒后的她不再留恋安定的工作，她愤然辞职，来到了文化中心的上海，用手中的笔向社会宣战。1926 年 4 月的《现代评论》上，陈西滢这样介绍她："白薇女士的名字，在两个月前我们谁也没有听见过。一天有一个朋友送来一本她的诗剧《琳丽》，我们突然发现了新文坛的一个明星。……《琳丽》二百几十页，却从头至尾就是说男女的爱。……可是这二百几十页藏着多大的力量！一个心的呼声，在恋爱的苦痛中的心的呼声，从第一页直喊到末一页，并不重复，并不疲乏，那是多么大的力量！"《琳丽》是她 1925 年追踪杨骚到杭州，被抛在异乡的旅社期间创作的，为偿清债务而卖掉的那部作品。白薇到达上海后，在朋友们的鼓励下，又拿起了手中的笔。战斗的激情充实着她的生活，她不停地写着，稿费渐渐地多了，生活也第一次安定下来。这时，仿佛是她生命里的魔星的杨骚又闯进了她的生活。

1927 年秋末的一天，白薇正在房内奋笔疾书，突然听到房东喊她的名字。她从窗口向外一望，立刻像遭雷击似的呆在那里。那站在门外的不是别人，竟是走了三年、曾给她带来短暂幸福、又让她遭受无尽痛苦的杨骚！

杨骚没有了往日的骄狂，俊美的脸显得更清秀、更憔悴了。他向白薇诉说着自己在南洋遭受的挫折，以及他的忏悔。三年来，她在心里恨着他，发誓永不再见这负心的人。但是，当杨骚重又出现在她面前，她感到自己心中筑起的高高的堤坝顷刻间倒塌了。她对他充满了同情，他又成了一个要关心与帮助的弟弟。最终，她答应杨骚搬来同住，但不是作为恋人，而作为朋友。

他们朝夕相处，一起写诗、谈诗，共同买菜、做饭，相互关心。杨骚这时已是小有名气的诗人，白薇也进入了她一生创作的黄金时代，《打出幽灵塔》《革命神受难》奠定了她在文坛的地位。他们一起参加文坛的活动，成了鲁迅家的常客；他们的名字时常并排出现在鲁迅主编的《奔流》杂志上。

随着时间的流逝，蛰伏在白薇心底的爱情开始苏醒。当她意识到这一点时，她自己也吓了一跳：杨骚弃她而去时，她发誓永不再恋爱，因为对杨骚的爱已耗尽了她一生的情热。当杨骚再与她朝夕相处时，她才明白，她过去只是把自己的情感封存起来，就像封在冰山下的火种，一旦时机成熟，它又会燃烧起来。但一想到杨骚的用情不专带给她的痛苦，她又非常矛盾。理智告诉她：与杨骚只能做一般朋友。

但是，已经燃烧的情感是任什么都压抑不住的。尤其是他们共同生活的和谐平静、他们的相互同情与帮助又使她一点点消除了戒心。她渐渐忘却了他过去带给她的伤痛，由目前的生活满怀着对未来的憧憬。

终于，她打破了自己的戒律。短暂的幸福使她产生了留住幸福的念头。她热情地与杨骚谈论着婚礼、谈论着婚礼上请的朋友，杨骚只是淡淡地应诺着。沉浸在幸福中的白薇丝毫没有注意到杨骚情绪的变化。到了婚礼那天，客人们都到了，却不见了新郎。直到喜宴结束，新郎都没有露面。

这时，杨骚在南洋拈花惹草得的病也传染给了她。她拖着病躯，到处寻找着失踪多日的爱人。当得知杨骚又爱上别人时，她一下被击倒了。为了挣钱养活自己，她不得不抱病写文章，常常写得头晕眼花，连笔都拿不动。正如她在病中所写的：

一身器官，官官害着病，

入夏以来三天两天病，

入秋以来十天九天病，

入冬以来天天夜夜病，

确是博物院里百病齐全的好标本。

其间，杨骚也曾回来找过白薇，那是他又失恋后到白薇这里寻找温暖，他们有过短暂的和好。但最终，还是在 1934 年夏分手了。杨骚传染给她的病却继续折磨着她，直到多年以后，她才在朋友的资助下，在北京的协和医院里彻底治好了病。仿佛是命中注定，她和杨骚还有再一次的相见，还要再次经历情感的折磨。

劳燕分飞

病愈出院的白薇不顾一切地逃离沦陷下的北平。1938 年夏，她来到武汉，参加了中华全国文艺界抗敌协会。她曾向武汉八路军办事处多次提出要去延安，或去前线，但组织上考虑到她的身体而劝阻了她。1940 年，白薇随着大批的文化界人士撤退到重庆。在长期的颠沛流离中，在日机的狂轰滥炸中，白薇又病倒了。朋友们找来了此时也在重庆的杨骚。白薇在昏迷中被抬到了杨骚的住处。这时的杨骚，已洗尽了年少时的狂躁与轻浮，他带着忏悔的心无微不至地照料着病中的白薇，希望待白薇病好后他们能重归于好。七天七夜之后，白薇清醒了。当她明白了发生的一切之后，一旦她能走动，就立即拄着拐离开杨骚，回到了自己的小屋子。

杨骚的忏悔也在她心中激起波澜。从杨骚诚恳的行动中，她明白杨骚是真的后悔了。但她那颗高傲自尊的心不能接受这份爱，这份带着怜悯的爱。从后来白薇写给杨骚的信里，我们可以了解白薇的心情：

"不料去年会于南温泉，承你那样招呼、帮忙，尤其几十次的要求爱情复活，诚恳地流露着真情；忏悔着，申述你晚熟的理解，说你往日全不知道爱我，现在才开始真正地知道爱我了。我仿佛又置身十多年前那青春的梦里，在听你那描心描情的叙述；可是被摧残者的柔心，已变成铁石，你那数十次的恳求，和沉着感人的态度，都不能挽回我一逝不回头的决心！"

为此，她受到周围许多人的指责。他们认为，现在的杨骚依旧风度翩翩，而白薇却被病痛过早地毁坏了健康。杨骚能真诚地与她恢复伴侣关系，她应该庆幸。也有人认为白薇自私，在众人的帮助下，自己治好了病就不管杨骚了。所有这些都不能动摇白薇的决心，诚如她的自我剖白所说："有一种东西在我心里强制着，使我没有考虑、没有犹豫，我愉快地接受了它的制裁！我用不着去告诉什么人，因为人们都使用着那么庸俗卑鄙的心理来看待一个女性，尤其是落难的女性！""难道女子不能见容于社会，只能躲藏在丈夫的卵翼下求活吗？我不，我的精神，始终为改革社会为人类幸福而武装着，并烧着我的热血。"

正是这倔强的自尊、自爱，支撑着白薇勇敢地拒绝了杨骚这种"复活"式的爱。正如她的好朋友、田汉夫人安娥所说的那样："我确信白薇的自尊心与她的'信念'和她的文艺生命共同宝贵……她不接受任何优势的怜悯，甚至接受了文协的帮助她都自我痛恨，她哪还能接受杨骚的优势的爱情呢？""当我确定知道白薇拒绝了杨骚的'冷'爱后"，"我更相信白薇的自尊，白薇的人格的完整、美丽。"——安娥不愧是白薇的知音。

白薇与杨骚十数年爱恨交织的情感纠葛就此结束了。之后不久，杨骚再次远走南洋，从事过各种抗日宣传活动，直到 1952 年举家回国。白薇再没有恋爱过，一直过着独身生活，把自己的一切献给了社会、国家以及热爱她作品的读者们。

诗与舞的姻缘

——周青眼中的雷石榆、蔡瑞月

王俊彦

　　最近，我访问了我党曾经在台湾的地下工作者、台湾 1947 年"二二八"起义的大陆唯一见证人周青。周青现在是中国作协会员、中国社科院台湾研究所资深研究员。他曾参加台湾"二二八"起义，并与吴克泰共同写出"二二八"起义的第一篇特写新闻，回大陆后一直工作在对台第一线。交谈中，周青给我讲述了我在河北大学中文系的老师雷石榆与台湾著名舞蹈家蔡瑞月的一段往事。

诗舞结合

　　雷石榆，台湾新文学运动中的杰出代表，"左联"诗人，在 20 世纪 30 年代不但积极参加日本的左翼文学运动，而且与在日本的台湾爱国青年吴坤煌等人因台湾文艺联盟的机关刊物《台湾文艺》结下文缘。而周青原是台湾日华纺织会社的保全工，1940 年在花莲米仓日本龟井组建筑的大型铝厂发动罢工；日本投降后组织了"文学同志社"。雷石榆1946 年 4 月下旬从厦门横渡海峡，一到高雄，就受到周青等台湾爱国青年的欢迎，周青追随当年参加台湾新文学运动的唯一的大陆诗人雷石榆从事进步文化活动。

周青因而对雷石榆产生敬重之感，便到高雄去找雷石榆，向他提供了许多台湾社会材料，并为雷石榆主编的《国声报》副刊撰稿，从此二人交往颇密。1946 年冬，雷石榆辞去高雄《国声报》主笔职务，来到台北市，进入留日友人蔡继琨主持的台湾交响乐团任编审。又由蔡继琨介绍认识了台湾舞蹈家蔡瑞月。年轻的雷石榆才华横溢，风流潇洒；蔡瑞月相貌端庄，舞艺超群，两人在交响乐团进行过很好的合作。

蔡瑞月 1921 年出生于台南市，从小就与舞蹈结下了不解之缘。她深受父亲影响喜欢闽南乐器南管，常跟随父亲到她家附近的寺庙里学习地方乐曲。蔡瑞月母亲是基督教徒，教堂里的唱诗及风琴的和声，也熏陶了她。当时，台湾处于日本占领时期，蔡瑞月也受到日本文化艺术的影响。因此，地方戏曲、教会音乐、民俗风情、东洋艺术等多种艺术熏陶，共同孕育了她的舞蹈天赋。1937 年蔡瑞月高中毕业后前往日本学习舞蹈。她先入石井漠舞踊学校学习芭蕾舞及现代舞，后转入石井绿舞踊团，石井绿曾三次连任日本现代舞踊协会会长，她先后随石井漠和石井绿等舞踊团在日本及东南亚各地演出 1000 多场。

1946 年春天，蔡瑞月从日本回国。她在甲板上为大家演出，其中自编自演的舞蹈《印度之歌》展现了异邦色彩的遐想空间，而《咱爱咱的台湾》则表达了对台湾的热爱和憧憬建设台湾的激情，引起全船2000 多名台湾留日学生的共鸣。她回到台湾后在各处进行密集式演出，也到母校台南第一女中教授舞蹈课。

蔡瑞月和雷石榆相识是在国际戏院公演结束后，当时雷石榆在台湾长官公署交响乐团担任编审，精通国语和日语，为蔡瑞月担当翻译。

"二战"后的最初几年，台湾物资匮乏、交通不便。雷石榆不仅扮演翻译的角色，也负责上下班接送。蔡瑞月觉得雷石榆是诗人又是报纸主编，请他多加帮助；雷石榆答应为蔡瑞月演出编写剧本，对蔡瑞月演出的报纸宣传、出广告、请乐队、租场地等一切演出事宜都大力帮助。

周青发现雷石榆与蔡瑞月认识后，两人都互有好感，更因革命和进步文艺事业的需要，便把这层窗户纸捅破，两人都表示同意。1946 年 12 月 5 日台南发生大地震，台湾艺人纷纷举行赈灾活动，1947 年 1 月 7、8 两日台北举行规模盛大的义演，首次举办"蔡瑞月创作舞蹈第一届发表会"，雷石榆、蔡瑞月齐心协力，蔡瑞月上演《印度之歌》《牧童》《白鸟》《壁画》等舞蹈，台湾舞蹈界为之倾倒。雷石榆亲自朗诵所作诗歌助兴，使演出获得极大成功，最后捐出 2 万元赈灾款，两人的爱情得到进一步发展。《台湾文化》对此有详细报道。

对两人的爱情飞速进展，周青看在眼里，喜在心头，1947 年 5 月 21 日，便请蔡瑞月的哥哥和朋友们在台北为雷石榆与蔡瑞月举行简朴的婚礼，她与诗人雷石榆并结蒂莲，台湾各界许多朋友出席这一盛典。

鸳鸯离散

雷石榆、蔡瑞月和周青等人在台湾从事进步文化活动，特别是雷石榆把马列主义文学理论传播到台湾，发表《在台湾首次纪念鲁迅先生感言》，在《台湾文化》刊出《随想》抗议美军在中国的暴行，自然被逃到台湾的国民党当局所不容。雷石榆眼见与他一起战斗的台湾作家杨逵被拘禁；反动势力故意制造雷石榆与蔡瑞月的流言蜚语，种种不利言论朝雷石榆袭来，他只得离开台湾交响乐团，到台湾大学出任副教授，继续战斗生涯。1948 年 3 月 28 日，他们的儿子出世，为他取名"大鹏"，期望他像大鹏那样展翅飞翔。

这时候，台湾的白色恐怖日益加剧，先是鲁迅先生的好友许寿裳担任台湾省编译馆馆长和台湾大学国文系主任，在台湾积极宣传鲁迅和五四精神，完成《亡友鲁迅印象记》，在台湾造成广泛影响，也得罪了台湾当局，1948 年 2 月 18 日深夜被杀害在自宅。接着与雷石榆关系密切的台湾大学教授李何林，1948 年 4 月悄悄告诉雷石榆："现在局势紧，我与王振华即要离开台湾返回大陆，你要设法早日离台。"李何林、王振华、李霁野等被逼相继离开白色恐怖日益严重的台湾，约雷石榆回香港、大陆战斗。

雷石榆却脱不开身，正值 1948 年下半年，他作为台湾新文学运动的论战主将，正与以杨风为主的一方，围绕着"现实主义""新现实主义"与"浪漫主义""革命浪漫主义"等创作理论问题进行论战，史称台湾新文学运动历史上第三次大论战。雷石榆还是台湾乡音艺术团的台柱子，团长周青躲避白色恐怖到大陆后，台湾当局便把矛头指向雷石榆。

雷石榆与蔡瑞月冒着白色恐怖的巨大压力，继续从事台湾进步文化活动。1949 年 2 月，雷石榆大力支持举行"蔡瑞月第二届舞蹈发表会"。蔡瑞月成功地表演了以雷石榆的诗作为题材的大型现代舞剧《假如我是一只海燕》，现场配有诗朗诵。诗是这样写的：

> 假如我是一只海燕，
>
> 永远也不会害怕，
>
> 也不会忧愁，
>
> 我爱在狂风雨中翱翔，
>
> 剪破一个巨浪又一个巨浪，

而且唱着歌儿，

用低音播唱爱情的小调。

但我的进行曲，

世间也没有那样昂扬。

风静了，

浪平了，

我在晴朗的高空，

细细地玩赏，

形形色色的大地，

沧沧茫茫的海洋。

1949 年的 6 月，雷石榆应蔡瑞月的学生和香港中文大学之邀，前往任教，他申请带家眷出境，但是没有料到，蔡瑞月的学生突然间在给他们的明信片中写道：如果回大陆，你们会受到重用。因为当时白色恐怖严重，雷石榆因从事进步文化运动得罪台湾当局，台湾当局便制造一些人事纠纷，将雷石榆逮捕审讯。蔡瑞月顾不得才出生不久的儿子大鹏，四处寻找丈夫。

雷石榆被关了四五个月后，转到基隆港务局监狱，准备遣送出境。蔡瑞月无法得知雷石榆离台船班的准确消息，只好先把行李送到基隆码头寄存，每天抱着儿子探监，日复一日，连狱卒和码头工人都混熟了。

这天大鹏发高烧，蔡瑞月便把儿子留在家里，独自跑到码头探消息，没想到由于航船临时决定起程，蔡瑞月当时很想跟着丈夫一起走，可是大鹏不在身边，她不能扔下儿子就走，仓皇之下，随手把两只皮箱递给丈夫。

漫长的等待

雷石榆初到香港时，尚能与蔡瑞月通信联系，相约到香港团聚，不料从 1950 年 1 月起，他再也收不到妻子的信了。然而，台湾当局并未放过对从事进步文化运动的蔡瑞月的迫害。

1949 年 9 月，她也受丈夫牵连而无辜被捕，关进政治集中营三年之久。在长期的监狱生活中，台湾当局为粉饰太平，要求蔡瑞月跳舞演出，她才获准写信回家索要化妆品和演出服装，没想到家中寄来的物品里却夹着写有她父亲名字的挽联。

蔡瑞月的父亲过世时，蔡瑞月没有能为老人送终。为了纪念父亲，表达对丈夫的思念之情，蔡瑞月在狱中含泪编演《母亲的呼唤》和舞剧《嫦娥奔月》，但是出狱演出仅两个小时，她又被关回牢狱。后来，她被转移到一个专关押政治犯的火烧岛，在那里还要被迫参加演出。

1952 年 1 月，雷石榆从香港回到内地。从那时起，海峡两岸无法直接通信，他曾写诗撰文，怀念"海峡那边的儿子"，还有一首诗忆及在台湾被囚禁后驱逐出境，与妻儿离别的情景。

1953 年，蔡瑞月终于获释出狱。出狱后的蔡瑞月，继续从事舞蹈的教学、创作与演出，并且在台北市中山北路开设"中华舞蹈社"教导年轻学子、儿童研习现代舞，但当时的台湾当局仍不放弃对她的政治迫害，严令她必须写日记报告行踪，有时还派出特务半夜抄家，以检查她有无不轨行为。残酷的政治迫害跟随了她三四十年，给她带来极大的精神伤害。连有人打电话要告诉她有关她丈夫的消息，她都吓得不敢接听。

然而，多少年如一日，她没有一刻放弃舞蹈，她要以舞蹈向当局抗争，决心用她的舞蹈生涯重新开辟出一片新的天地。1953 年，她再次创办舞蹈社。在租赁场地 10 年后，她自己承担经济风险，然后买下房间，建立了一个舞蹈剧场。孜孜以求、精益求精，使她的舞蹈技艺和造诣日益提高。许多舞蹈爱好者为她对爱情的执着和舞蹈技艺的精湛所吸引，最多时她有学生三四百人，专业教师 10 人，伴奏教师两人，呕心沥血地办起六所分校。舞蹈社还为美国和日本的儿童举办芭蕾舞蹈班，并教授在台湾的美国人和日本人的太太学习舞蹈。

杰出的演出技艺和严谨教学，使蔡瑞月越来越有名气，声誉远播岛内海外。1956 年她应邀带团到泰国演出，并亲自为泰皇及皇后表演独舞。

1961 年，台湾当局下令禁止蔡瑞月卖票演出，甚至派人佯称归台华侨声称愿意赞助其演出，暗中却怂恿人私下卖票，台湾当局以此为由判处她按全场满座的 10 倍课以罚款。当时有人劝蔡瑞月取消演出，但她认为要为观众负责，边流泪边下令按时演出。过后，她奔走于台湾名流和政要之间，整整折腾三年，才渡过这道难关。

即使如此，也没有使蔡瑞月向台湾当局低头，她怀着对雷石榆深挚的爱忍辱负重，继续在舞蹈的天地中辛勤耕耘。1961 年，蔡瑞月应邀参加东京国际舞蹈大会，她得以再赴雷石榆和她留下难忘足迹的东瀛，展示杰出的舞技。1963 年，她应邀赴泰国作第二次演出。

多年来，蔡瑞月活跃在台湾舞蹈舞台上，为台湾舞蹈界作出巨大贡献。蔡瑞月在继承芭蕾舞和日本现代舞的基础上，又有所创新，她编舞灵感犹如泉涌。她大都是凭借某种情感、社会事件的冲击及圣经故事或传说的感动为起因来编舞。她曾以西方著名故事《灰姑娘》《罗密欧与朱丽叶》及《埃及女王》为线索创作舞蹈，也采用台湾民俗如娶亲、迎妈祖等为题材来编舞。尤为可贵的是，她曾不辞劳苦，爬悬崖、入深山，采集原住民的题材动作来入舞，也学习中国古典戏曲中的舞蹈身段与武艺，还潜心专门学习泰国、印度、韩国、美国、西班牙的舞蹈的长处并有所创新。她从各方面汲取营养，因而她的舞蹈艺术领域十分宽阔。

1971 年，蔡瑞月的舞蹈社接待了来自澳洲的国家现代舞蹈团，不久，身兼该舞蹈团团长的澳洲现代舞蹈家伊莉莎白·陶曼在台湾开讲基本舞蹈课程，蔡瑞月让儿子雷大鹏参加学习。陶曼敬佩蔡瑞月的舞蹈艺术，也认为她教出来的儿子是一个蕴藏无限潜力的舞蹈家，因此返澳后，就来信邀请雷大鹏到澳洲加盟她创立的现代舞蹈团。雷大鹏成为全澳第一个专业东方舞蹈艺术家。两年之后，蔡瑞月也应陶曼女士之邀请访澳并进行演出、授课和研究，历时达九个半月。蔡瑞月是第一个将中国舞蹈移植和传播于澳洲舞台的中国人。

1968 年至 1973 年，蔡瑞月的舞蹈社，在台北国宾饭店天天演出 30 分钟的民族舞蹈节目，每周六也在电视台表演 30 分钟的芭蕾作品。1971 年，蔡瑞月编舞，由其子雷大鹏领队前往越南演出。1983 年，蔡瑞月应邀到韩国参加"亚洲舞蹈会议"，蔡瑞月以 62 岁的高龄演出《麻姑献寿》。会上一致推举她为"亚洲舞蹈会议"台湾分会之全权代表。

然而，台湾当局对她的迫害并未停止，1972 年，"美国道德重整会"举办国际舞蹈大会，邀请蔡瑞月出席，但台湾当局却不准蔡瑞月个人随团前往。

1973 年至 1981 年，蔡瑞月应雷石榆好友、流亡美国的中国音乐家马思聪之盛情委托编排大型舞剧《晚霞》，也被台湾"文化工作委员会"政治介入，剥夺其演出的机会，蔡瑞月花费了多年的心血付诸东流。一直到 1983 年，台湾的政治进入比较宽松的轨道之后，蔡瑞月才拿到"良民证"。

蔡瑞月的爱情故事和高超舞技，使她在世界舞蹈界颇负盛名，纷纷与她展开舞蹈交流，她也结识了许多国家的舞蹈朋友，她的舞蹈社也和国际上的著名舞蹈文艺团体互相交流切磋，互相促进，共同提高。这些活动进一步开拓了蔡瑞月的视野，使她的舞蹈技巧吸收了其他民族文化的风格和内涵而大放异彩。

1983 年，台湾文建会举办年代舞展，蔡瑞月重现了当年的舞蹈《赞歌》《新建设》《所罗门王的审判》的英姿，轰动台湾。经过了一场场风雨洗礼后，蔡瑞月获得了累累满枝的金色硕果，开创了台湾舞蹈的一片新天地。

大鹏的寻父之旅

1974 年 12 月，雷石榆突然收到广东台山老家的来信，得知独子雷大鹏给台山写信寻找父亲，他已应聘在澳大利亚一个现代舞剧团当演员，其母蔡瑞月仍在台湾。这对雷石榆来说是个意外的喜讯。此后虽然鱼雁往返频繁，但是由于台湾方面的阻碍，蔡瑞月、雷大鹏仍难来大陆探亲。

1982 年蔡瑞月移民澳洲与爱子雷大鹏会合之后，从 1983 年至 1988 年，在悉尼和墨尔本教授舞蹈并编排舞蹈节目，参与许多庆典活动，也指导当地的华人子弟在悉尼歌剧院演出《凤阳花鼓》《天山恋》《彩带》《春灯》等创新民族舞蹈，雷大鹏也同时演出《秦王破阵乐》助阵。1989 年后，蔡瑞月移居到布里斯本，仍继续舞蹈研究，并在奇葩林社区、学校及教会和夏令营演出。

1988 年 2 月，雷石榆和爱人张丽敏收到雷大鹏要来保定探亲的消息，雷石榆想到在台湾与 1 周岁的儿子惨别，如今他已 39 周岁了，心情就特别激动，河北大学特别重视，校长特批动用校车到北京去接。

3 月 20 日，在北京机场，雷石榆从出口行列中看到了儿子，大鹏则向前拥抱老父泣不成声。大鹏在保定住了十几天，雷石榆告诉大鹏："当初我也是想带你们母子先居香港，再转大陆。香港待不下去了，就回大陆，不会去别处的。希望你能了解父亲，也请你谅解父亲。"

雷石榆夫妇陪雷大鹏游览颐和园，参观中央民族歌舞团，访问台盟总部，受到台盟主席吴克泰和周青的热情接待。

再次相聚

1990 年 6 月下旬，蔡瑞月和雷大鹏从澳大利亚，儿媳萧秀琴带着两个孙子从台湾，前往河北保定。

当时已经退休的雷石榆，在学生陪同下早就站在月台前等待。蔡瑞月大方且勇敢地上前搭着雷石榆的肩，拥抱他。她说："我们回家吧。"蔡瑞月带着儿媳认了父亲，让两个孙子认了祖父，算是了却了一桩心愿。

满头银霜的雷石榆与蔡瑞月终于见面，一家祖孙三代团聚在一起。张丽敏把他们接住到家里，知道他们不喜欢在饭馆吃饭，就承担起为全家七口人做饭的任务，特别是她包的水饺，两个孙子很爱吃。

蔡瑞月向雷石榆述说自己入狱的经历，以及她奔走演出教学几十年，在台湾的舞蹈荒原上开拓出了一片绿野，并首次将台湾的舞蹈推向国际舞台的往事。

雷石榆则称赞蔡瑞月的舞蹈生涯是可歌可泣的，她弹奏出了人生经历交响曲中的强音。

孙子临走对爷爷说了一句牵动心肠的话："爷爷，我上了飞机，你就看不见我了，我也再看不见你了！"雷石榆动情地对蔡瑞月、张丽敏说："孙子才三岁，就这么有感情！"

在雷石榆的鼓励下，蔡瑞月继续一连串的舞蹈重建工作，她来往于台湾与澳大利亚之间，继续书写舞蹈艺术的新篇章。

1994 年，蔡瑞月的中华舞蹈社因城市施工拟拆除，后经台湾艺术界发起"向蔡瑞月致敬"及"1994台北艺术运动"，引起了台湾当局的注意，最终答应将舞蹈社保留为舞蹈馆。同年，蔡瑞月获台湾当局"薪传奖"。

1996年，在蔡瑞月及其子雷大鹏的促成下，澳洲国家现代舞蹈团创始团长陶曼女士在25年后，再次偕同国际级舞蹈家组成澳洲舞蹈艺术家舞蹈团到台湾演出现代舞《四代》，又进行了一次东西方现代文化舞蹈艺术交流，使蔡瑞月更加光彩照人。

1997年，澳洲昆士兰科技大学艺术学院举办该院舞蹈系与台湾左营高中舞蹈组之联合舞展。这是向蔡瑞月的舞蹈开拓与革新的生涯所作的致敬演出，同时举办蔡瑞月与李彩娥的座谈会。同年，台湾的一位导演黄玉珊完成了蔡瑞月生平纪录片《海燕》，此片后来获得当年纪录片首奖。同年底，蔡瑞月回到台湾受到盛大欢迎。1998年台湾当局拨款完成并出版了《台湾舞蹈的先知——蔡瑞月口述历史》及《台湾舞蹈的月娘——蔡瑞月摄影集》两书及电子书籍《台湾的月娘——蔡瑞月》。

有鉴于蔡瑞月在舞蹈界的卓越贡献和她在融合东西方文化内涵和舞蹈技艺方面的成就与造诣，1998年，澳洲昆士兰理工大学授予蔡瑞月该学府最高荣誉——大学博士称号。

1999年蔡瑞月舞蹈社被指定为"市定古迹"，但遭人纵火焚毁，2003年才告复原，并且以委外招标的方式经营。

居住澳大利亚期间，蔡瑞月虽已届高龄，但仍学画油画，创作版画，以多方探究灵感的源泉，营造另一层次的艺术境界，而主题还是舞蹈。她认为画中的舞蹈者，能跳得比生活中的更高。这表达了蔡瑞月对舞台的一往情深和对舞蹈事业永不止息的追求。

1996年雷石榆去世，十年后的2005年，蔡瑞月也离开了人间。

图书在版编目（CIP）数据

爱情老底片／刘未鸣主编．— 北京：中国文史出版社，2018.9

（纵横精华．第二辑：历史的侧影）

ISBN 978 - 7 - 5205 - 0782 - 0

Ⅰ．①爱… Ⅱ．①刘… Ⅲ．①中国历史—史料—民国 Ⅳ．①K258.06

中国版本图书馆 CIP 数据核字（2018）第 259491 号

责任编辑：金硕　胡福星

出版发行：**中国文史出版社**

社　　址：北京市海淀区西八里庄 69 号院　　邮编：100142

电　　话：010 - 81136606　81136602　81136603（发行部）

传　　真：010 - 81136655

印　　装：廊坊市海涛印刷有限公司

经　　销：全国新华书店

开　　本：787×1092　1/16

印　　张：14

字　　数：173 千字

版　　次：2019 年 2 月北京第 1 版

印　　次：2019 年 2 月第 2 次印刷

定　　价：48.00 元